天 河◎著

Alan Greenspan

他是美国历史上最伟大的联储主席
不仅掌控美国经济长达十八年之久
更如上帝一般能够随时左右全球金融风云

被审判的上帝

格林斯潘传

图书在版编目(CIP)数据

格林斯潘传：被审判的上帝 / 天河著. -- 北京：新世界出版社，2015.7

ISBN 978-7-5104-5378-6

Ⅰ.①格… Ⅱ.①天… Ⅲ.①格林斯潘，A.—传记 Ⅳ.①K837.125.34

中国版本图书馆 CIP 数据核字(2015)第 158628 号

格林斯潘传：被审判的上帝

作　　者：	天　河
责任编辑：	董晶晶
责任印制：	李一鸣　黄厚清
出版发行：	新世界出版社
社　　址：	北京西城区百万庄大街24号(100037)
发行部电话：	(010)6899 5968　(010)6899 8733(传真)
总编室电话：	(010)6899 5424　(010)6832 6679(传真)

http://www.nwp.cn

http://www.newworld-press.com

版权部：	+8610 6899 6306
版权部电子信箱：	frank@nwp.com.cn
印　　刷：	北京建泰印刷有限公司
经　　销：	新华书店
开　　本：	787mm×1092mm　1/16
字　　数：	230千字　印张：18.5
版　　次：	2015年9月第1版　2015年9月第1次印刷
书　　号：	ISBN 978-7-5104-5378-6
定　　价：	38.00元

版权所有，侵权必究

凡购本社图书，如有缺页、倒页、脱页等印装错误，可随时退换。

客服电话：(010)6899 8638

序 言
被审判的上帝

艾伦·格林斯潘的一生可以说是成功者的典范，他的经历几乎是美国梦最完美的体现——如果没有爆发2007年次贷危机的话。

为什么这么说呢？我们不妨来简要回顾一下格林斯潘的一生：

童年时代的格林斯潘家境普通而且双亲离异，但是他很早就展示出了惊人的天赋。

青少年时代的格林斯潘飞扬跳脱，怀揣梦想加入乐队，全国各地巡回演出。

成年之后的格林斯潘确定了自己人生的航向，抛弃音乐梦想，转而苦研经济学，随后进入一家咨询公司工作。他的经济才华在华尔街得以展现，5年后，他拥有了公司的一半股份，当上了公司总裁。

成为百万富翁的格林斯潘在华尔街叱咤风云，呼风唤雨，被誉为"最精明的证券商"。

就在人们以为格林斯潘会朝着"股神"的方向一路走下去的时候，他却开始频频游走于华盛顿官场。尼克松总统为他的能力深深折服，千方百计请他做经济顾问。

在经济界拥有比经济学家更高的名誉，也比经济学家更务实的格林斯潘很快就在政坛扎稳了根基，最终被里根总统视为执掌美联储的不二人选。

上任伊始，格林斯潘就遇上了有史以来最严重的"股灾"，面对困境他当机立断，迅速带领美国走出危局，赢得了民众的信任。

此后，格林斯潘一发不可收拾，从1987年8月到2006年，无论总统如何更替，他都是美联储主席的当然人选。格林斯潘执掌美国经济18年，成为比总统更有权势的人，在他的治理下，美国经济更是出现了连续10年零通货膨胀、持续增长的奇迹。

2006年1月31日，还有不到两个月即将年满80岁的格林斯潘卸下了美联储主席的职务——带着英国女王授予的爵士爵位、法国总统授予的荣誉军团勋章，带着全世界敬仰的目光。

这是完美的落幕，这是完美的人生。

但是，这部完美的乐章尚未奏完就戛然而止。

一年半以后的2007年8月，一场名为次贷危机的金融风暴席卷美国乃至世界。人们忽然震惊地发现，原来看似繁荣的美国经济竟如此不堪一击，难道格林斯潘这些年给人们所带来的只是一堆泡沫？

一时间，几乎所有人都把批评的矛头指向了格林斯潘："自己带着荣耀退隐，却给美国甚至全世界留下一个烂摊子，这就是格林斯潘！"上一刻，他还是金融的上帝；这一刻，就成了公众审判的目标，成了犯下一系列重大错误并最终引发次贷危机的罪魁祸首。

从上帝到罪人、从天堂到地狱，真的只要一瞬。

格林斯潘真的是引发次贷危机的罪魁祸首吗？时至今日，这仍是无数经济学家们争论不休的话题，格林斯潘也曾经发表著作为自己辩护。

可是，在次贷危机已然过去的今天，找到引发危机的元凶真的那么重要吗？也许对于这本传记的读者们来说，格林斯潘那光辉灿烂的人生和末尾处那戏剧性的转折才是最宝贵的财富吧。

目 录
Contents

第一章　数字与音乐

很少有人能够想到，叱咤风云的经济巨擘艾伦·格林斯潘在少年时怀揣的却是一个关于音乐的梦想。年少的格林斯潘有两大强项，一是数字，一是音乐。数字是他的天赋，而音乐则是他最狂热的爱好。鱼与熊掌不可兼得，格林斯潘终究需要在数字和音乐之间做出自己的选择。

破碎的家庭 ………………………………………… 002

音乐之家 …………………………………………… 005

数学天才 …………………………………………… 008

我为音乐狂 ………………………………………… 011

巡演全国 …………………………………………… 014

短暂的迷惘 ………………………………………… 017

弃乐从经 …………………………………………… 020

导师伯恩斯 ………………………………………… 023

第二章　最精明的证券商

格林斯潘做出了自己的选择，他进入了经济领域。随后，他便展示出了自己惊人的才华。1954年，28岁的格林斯潘加盟纽约的汤森公司。5年后，他由一个交不起学费的穷小子，摇身一变成为华尔街的一名百万富翁，格林斯潘在经济界声名鹊起，人们都称他是华尔街"最精明的证券商"。

第一段婚姻 ································· 028
牛刀初试 ··································· 031
投身华尔街 ································· 036
惊人的能力 ································· 039
兰德与客观主义 ····························· 042
最精明的证券商 ····························· 045
女人们 ····································· 048

第三章　从华尔街到华盛顿

　　格林斯潘成为了华尔街的明星，但在华尔街呼风唤雨却并不是他的最终志向。事实上，在华尔街打拼的20多年里，格林斯潘频频游走于华盛顿官场，为自己从商人向官员转变作足了准备。于是在1967年，他摇身一变，成了尼克松竞选总统时的经济顾问，从此开始步入政坛。

助选尼克松 ································· 054
与白宫保持微妙距离 ························· 058
反对尼克松政府的经济政策 ··················· 062
华盛顿的规则 ······························· 066
病急乱投医的福特总统 ······················· 069
化解粮食危机 ······························· 073
纽约破产风波 ······························· 076
功败垂成 ··································· 080

第四章　执掌美联储

　　进入政坛之后，格林斯潘展示出了自己身上更多的才华，人们逐渐意识到，格林斯潘不仅是一个经济学家，而且是一个懂政治的经济学家。于是，格林斯潘在华盛顿步步高升，直到1987年8月，里根总统宣布了那个震惊世界的消息——格林斯潘被任命为美联储主席。美联储就是美国的"央行"，执掌着美国的经济走向。在此之前，格林斯潘从未在美联储工作过，他是个外人，所以里根总统的决定才会令人震惊，更令人意想不到的是，格林斯潘会在这个位子上一坐就是18年。

广交人脉 ··· 084
造势 ··· 087
"会员证" ·· 090
不成功的尝试 ·· 093
目标锁定 ··· 096
里根总统的心病 ··· 099
惊人的决定 ·· 103

第五章　成功与失误

里根总统做梦也没想到，他刚把美联储主席这个宝座送给格林斯潘，格林斯潘就立即回敬了他一个下马威。格林斯潘的权力不容任何人掣肘，就算是美国总统也不行。对于如何操控美国经济这艘大航船，格林斯潘有他自己的一套理念。刚一上台，他便拯救了在"黑色星期一"中濒临崩溃的股市，让诸多质疑者们闭上了嘴。当然，他也有失误的时候……

给总统一个下马威 ······································ 108
当机立断 ··· 112
漂亮的组合拳 ·· 116
随机应变 ··· 120
失和 ··· 123

失误的判断 …………………………………………… 126
迟到的配合 …………………………………………… 130

第六章　权力和荣耀

聪明的阿肯色州小子克林顿赋予了格林斯潘比总统更大的权力，格林斯潘回报他的则是长达10年的美国经济零通货膨胀、持续增长。这一世界经济史上的奇迹令克林顿即便遭到了"拉链门"，其支持率仍然高达70%！说实在的，有格林斯潘在，谁还会在意谁来当美国总统呢？一篇报纸头条说得好："嘿，笨蛋，谁当总统都无所谓，重要的是格林斯潘仍是美联储主席！"

给总统讲经济 ………………………………………… 134
短暂的蜜月期 ………………………………………… 138
权力之争 ……………………………………………… 142
三人"拯救世界委员会" ……………………………… 146
世界级的名人 ………………………………………… 150
股市，一言而兴之 …………………………………… 153
"影子总统" …………………………………………… 158
71岁的新郎 …………………………………………… 162

第七章　国家利益

经济和金融的全球化，使格林斯潘不仅是美国经济的掌舵者，同时也左右着世界经济的走向，格林斯潘成了全世界的"金融沙皇"，只要他一打喷嚏，全球经济都要下雨。手持世界金融权杖的格林斯潘，利用拉美经济危机、亚洲金融风暴等契机，为美国赢得了最大的经济利益。

经济全球化与金融霸权 ……………………………… 166
整顿拉美 ……………………………………………… 169

袖手旁观 ………………………………………… 174

趁火打劫 ………………………………………… 178

指责香港 ………………………………………… 182

卢布的崩塌 ……………………………………… 186

格林斯潘与对冲基金 …………………………… 190

第八章　金融监管思与谋

当新经济到来时，一切旧有的经济理论都遭到了颠覆，格林斯潘如何找到他的治理妙策？世界经济都融为了一体，地球一侧的蝴蝶稍一振翅便能给另一侧带来狂风暴雨，格林斯潘怎样应对？创造了经济奇迹的格林斯潘，究竟有什么秘诀？

稳健的货币政策 ………………………………… 196

零通胀型增长奇迹 ……………………………… 199

支持新经济 ……………………………………… 204

挤掉股市泡沫 …………………………………… 207

对金融危机的思考 ……………………………… 211

第九章　盛大的落幕

2006年1月31日，在执掌美联储18年后，在个人声望如日中天的时刻，80岁高龄的格林斯潘卸下了美联储主席的职位。在最辉煌的时刻选择离开，选择急流勇退，这注定是一次盛大的落幕。格林斯潘这位全球金融统御者，他的人生就此画上了一个圆满的句号吗？不，因为就在他卸任一年之后，席卷全球的美国次贷危机爆发了……

鼎力襄助 ………………………………………… 216

退位的政治明星 ………………………………… 222

无与伦比的影响力 …………………………………………… 227
　　最火爆的自传 ………………………………………………… 231

第十章　从天堂到地狱

格林斯潘在最辉煌的时刻带着赞誉离开，然而他刚一转身，灾难便即降临。愤怒的人们指责格林斯潘是经济危机的罪魁祸首，年过80的他不得不在各式各样的听证会上接受质询。从上帝到受审者、从天堂到地狱，格林斯潘的人生可谓大起大落。

　　泡沫，谁之过？ ……………………………………………… 238
　　次贷危机爆发 ………………………………………………… 243
　　名声扫地 ……………………………………………………… 248
　　为自己辩护 …………………………………………………… 253
　　反思与悔悟 …………………………………………………… 256
　　阴谋论 ………………………………………………………… 260
　　影响力尚存 …………………………………………………… 264

附录　格林斯潘语录

　　论美联储 ……………………………………………………… 267
　　论经济政策 …………………………………………………… 268
　　论银行监管 …………………………………………………… 268
　　论金融衍生工具 ……………………………………………… 269
　　论股市 ………………………………………………………… 269
　　论经济预测 …………………………………………………… 270
　　论新经济 ……………………………………………………… 271
　　论全球化 ……………………………………………………… 271

论通货膨胀 …………………………………… 272
论自由经济制度 ……………………………… 273
论竞争 ………………………………………… 273
论技术发展 …………………………………… 274
论自由贸易 …………………………………… 275
论负债和赤字 ………………………………… 275
论风险 ………………………………………… 276
论就业 ………………………………………… 276
论教育 ………………………………………… 277

后记 …………………………………………… 278
参考书目 ……………………………………… 280

第一章
数字与音乐

很少有人能够想到,叱咤风云的经济巨擘艾伦·格林斯潘在少年时怀揣的却是一个关于音乐的梦想。年少的格林斯潘有两大强项,一是数字,一是音乐。数字是他的天赋,而音乐,则是他最狂热的爱好。鱼与熊掌不可兼得,格林斯潘终究需要在数字和音乐之间做出自己的选择。

破碎的家庭

1926年3月6日,艾伦·格林斯潘出生于纽约市远郊区的一个平民家庭。当时谁也没想到,这个小男婴日后会执掌美联储近20年,被誉为"比总统更有权势的人""华尔街教父""金融皇帝"。

格林斯潘的父亲赫伯特是一位名不见经传的股票经纪人,但他在年轻的时候,却身材瘦削、面庞英俊,颇有几分明星气质。格林斯潘的母亲罗丝被他俊秀聪慧的外表所吸引,17岁便嫁给了他。

当时,美国的证券市场正兴起一股投机的狂潮,"谁想发财,就买股票"是一句人人都挂在嘴上的口头禅,所有人都像着了魔似的买股票,梦想着一夜之间成为百万富翁。赫伯特起先经商,后来通过自学进入证券行业,成为了一名股票经纪人和经济顾问,生意做得风生水起。

可是新婚后不久,这一对年轻的夫妇在性格、生活习惯、兴趣爱好等方面便显现出了差异。赫伯特为人冷漠孤高,性格内敛而阴郁,总是沉迷于枯燥乏味的经济研究;而罗丝则生性乐观,活泼奔放,对生活充满了激情,喜欢参加各种音乐舞会。两人在很多事情上都难以达成一致,关系由此渐渐出现了裂痕，在小艾伦出生前后的几年，家里总是争吵不断。

疯狂的股票投机终于引发了一场经济大灾难。1929年10月24日，纽约证券交易所里的股票价格雪崩似的直线下跌，人们疯了一样纷纷甩卖股票，整个交易所大厅里充满了绝望的叫喊声。一天之内，1290万股股票被抛售，破产者不计其数，有人当街自杀，有人从楼顶跳下，还有人全家自焚。一位英国记者在现场发回报道称："百老汇大街上堆满了尸体！"这场股灾犹如火枪的扳机，扣发了资本主义有史以来最持久、最深刻、最严重的一次经济危机。在随之而来的4年中，美国经济大幅度倒退，工业产值骤降55.6%，国民生产总值由1044亿元跌至410亿元，共有14万家企业宣布破产，其中32家是曾经名列《福布斯》杂志排行榜前100名的大企业。

赫伯特也在这场股灾中遭了殃，一夜之间，他几乎失去了所有的家产，从此变得一蹶不振。身为全职家庭主妇的罗丝，自然无力改变家中拮据的经济状况，一家三口日益陷入捉襟见肘的窘境。赫伯特与罗丝的争吵愈发激烈，终于在小艾伦4岁时，两人的婚姻走到了尽头。

离婚后，罗丝不得不带着年幼的小艾伦回到娘家，同父母一同挤在位于百老汇大道与163街相交拐角处的一套小公寓房里。可是罗丝的父母古板而又严厉，艾伦·格林斯潘并没有从他们那里享受到多少温暖。他的表兄韦斯利在多年以后回忆说："外公是一个非常独断专行的人，在他看来，小孩就该老老实实地呆在那里；而外婆有点神经质，一激动就会变得歇斯底里。"姨夫哈尔波特也记得："艾伦不太喜欢他的外祖父母，我没事的时候去看他，常见艾伦把自己一个人关在卧室里听收音机。"

姨夫哈尔波特是个非常爱孩子的人，一有时间就带艾伦和他的一双儿女出去玩。韦斯利回忆道："突然间没有了父亲，这对艾伦来说是件无法忍受的事，我父亲就当起了他的代理父亲。父亲喜欢孩子，他常常带我们去买冰激凌。我和姐姐总喜欢一人拉着他的一只手，这时候，艾伦就会设法挤到我们姐弟俩和父亲之间，把父亲的手拉过去。"

赫伯特离婚后很少来探望儿子，基本断绝了和他们母子俩的关系，父爱的缺乏使艾伦·格林斯潘的性格始终有些内向和腼腆。格林斯潘成年以后，为人处事变得非常现实，与所有人都保持着若即若离的关系，既不激怒别人，也从不与人交心。他的心思细腻而又敏感，总是善于发现并迅速避开各种对自己不利的境况，方式委婉而有效。幼年时争吵不断的家庭在他的人生中烙下了深深的印记。

音乐之家

罗丝来自一个人丁兴旺的大家庭,共有兄妹 5 人,父母 20 世纪初从波兰移民到美国,办理移民时改了个美国名字叫戈德史密斯。罗丝兄妹 5 人中除了大姐玛丽出生在波兰外,其他人都出生在美国。

戈德史密斯一家是音乐之家。老戈德史密斯是布朗克斯区一座犹太教堂唱诗班的领唱。格林斯潘的一位舅舅马里奥,原名默里·托卢科,后改名叫默里·史密斯,最后改名为马里奥·席尔瓦。马里奥身材矮胖,皮肤黝黑,曾想冒充意大利人在歌剧方面有所发展,后来创作的一个剧本被搬上了百老汇舞台,名叫《爱情之歌》,以作曲家舒曼的故事为背景。格林斯潘的母亲罗丝则喜爱弹钢琴和唱歌,她的演唱风格无拘无束,活力四射,令人想起女歌手海伦·摩根。她喜欢唱科尔·波特和杰罗姆·科恩的歌以及一些新歌,如《低吼的大棕熊》,还会唱犹太人意第绪语的歌曲。罗丝是一位向日葵花般开朗、明媚的女人,在贫困而又艰难的生活中,音乐与聚会是她保持乐观的心态与生活热情的法宝。离婚住回娘家后,她除了赖以为生的零售店工作之外,就是带格林斯潘参加一个接一个的聚会。无论什么样的聚会，一旦有罗丝出现，便会变得热闹非凡，她总能够带动全场的气氛。格林斯潘的表姐克莱尔回忆说："罗丝精力旺盛，非常活泼，也很亲切。"克莱尔后来成为一位专业的歌唱家，主演音乐喜剧。20世纪40年代，她曾在埃塞尔·墨尔曼主演的一出百老汇剧《安妮，拿起你的枪》中扮演过角色。

身边有这么多酷爱音乐的人熏陶，格林斯潘自然而然地也喜爱上了音乐，并早早展现出音乐才华。在乔治·华盛顿中学读高中期间，他以单簧管和萨克斯管的吹奏技艺成为学校管弦乐团的一员。此外，他还参加了同班同学利瓦伊组织的一个乐队，名叫"希尔顿乐队"。"李·希尔顿"日后成为利瓦伊的艺名。利瓦伊是个很有商业头脑的小伙子，在他的带领下，乐队经营得很成功，经常有在附近巡回演出的机会，每个队员参加一次可得2美元。利瓦伊后来一直在音乐界发展，他对格林斯潘的印象是有点"高深莫测"。他说："格林斯潘从来不会说一些斩钉截铁的话，永远是模棱两可，就像他现在一样。"

格林斯潘高中时期的另外一位音乐好友是在课外音乐班结识的斯坦·盖茨。斯坦·盖茨与格林斯潘的背景十分相似，也出身于一个低中产阶级的犹太家庭，住在离格林斯潘家不远的布朗克斯区。

此时美国正在从1929—1933年的大萧条低谷中走出来，一派"好日子"再现的景象，欢快的音乐充斥着纽约城大大小小的酒吧和俱乐部。受到周围环境的熏陶，盖茨从很小就开始学习乐器。他的父亲在他13岁那年为他买了一把萨克斯管，盖茨非常喜欢，每天不住地练习。邻居经常忍受不了地喊道："叫那个孩子住口！"每当这时，他的妈妈就会冲着外边回敬道："斯坦利！再吹大点声！"

盖茨和年龄比他大一岁的格林斯潘认识以后，两人常常聚在一起吹萨克斯管，并为他们崇拜的偶像本尼·古德曼或列斯特·扬争得面红耳赤。格林斯潘虽然比盖茨年龄略大，音乐才华却远远不如盖茨。斯坦·盖茨 15 岁便加入了大名鼎鼎的杰克·提咖登的乐队，不到 20 岁便灌录了自己的第一张唱片，声名远扬到欧洲。斯坦·盖茨后来成为一位伟大的次中音萨克斯演奏家，能够演奏出世界上最美妙的音色；他开创了新的爵士乐风格，推动了传统爵士乐的发展；他对爵士与巴西音乐相融合的 BOSSA NOVA 风格的推广，使更多的人通过 BOSSA NOVA 这种轻松时尚的音乐喜欢上了爵士乐。斯坦·盖茨一生共获得 17 次年度最佳 Tenor 萨克斯风乐手奖，到他 1991 年 6 月 6 日去世，生前共留给世人近百张经典的演奏录音，是爵士音乐史上最重要的人物之一。

除了音乐，格林斯潘还喜爱棒球运动。暑假期间，他和邻居家的孩子们组建了一支棒球队，并为球队起了一个十分霸气的名字——泰坦巨人队。格林斯潘是左撇子，队友们便让他打一垒。格林斯潘效仿道奇队同样打一垒的强击手卡米利。虽然他所在的街区是洋基队的老巢，格林斯潘却是洋基队的对手、位于布鲁克林区的道奇队的忠实球迷。

数学天才

罗丝和戈德史密斯一家对格林斯潘迷恋音乐深感高兴,却从未注意过他最大的一项天赋——数学。这很难说是无心之过还是有意为之。鉴于戈德史密斯一家并无人有出色的经济头脑,这项天赋显然来自他那喜欢分析各种经济数据的父亲——赫伯特。对那个连对自己的儿子都极其冷漠的人,戈德史密斯一家很少提及。

格林斯潘年幼时便显示出了让人吃惊的数学能力,5岁就能够熟练地心算多位数的加减法;刚进入公立第169小学读书不久,便能一口气背出12×12的乘法口诀。考虑到英语数字那冗长的发音,这是非常令人惊叹的,大多数美国人终其一生也不能背出比那更简单的乘法口诀。

格林斯潘小时候常去妈妈罗丝的售货店里帮忙。他很快便记住了店里每一样商品的摆放位置、单价以及库存数量,比罗丝还能更准确地为客人提供问题的答案。售货高峰时段,他便主动帮妈妈为客人们结账。这个"聪明的、有些害羞的小家伙"强大的心算能力,让每一位在场的顾客都啧啧称奇。

格林斯潘这种天生的对数字的特殊敏感和超强的记忆力，总能给人留下深刻印象。他日后的一位朋友曾语带夸张地说："格林斯潘就是这么一种人，他知道1964年出厂的雪佛兰轿车用了多少颗平头螺丝，他还知道如果拔掉其中3颗，会对国民经济造成什么影响。"

格林斯潘自入小学便一直是优等生，在读初中时更跳了一级，两年便完成了三年的课程。他童年时代的好友萨诺夫在回忆往事的时候说道："艾伦学什么都学得很好。"

与赫伯特总是阴郁地沉溺于枯燥乏味的经济理论研究不同，戈德史密斯一家的生活简单而又容易满足，这个大家庭更喜欢感性的、欢快奔放的音乐和舞蹈。对小格林斯潘高超的数学能力，罗丝虽然也引以为骄傲，但只觉得它来自于父亲的遗传，并没有对此更多地加以留意。她也许从来都没想到过，这项特殊的能力日后会对格林斯潘、对她所生活的美国，乃至对全世界会产生多么大的影响。

事实上，格林斯潘从小便喜欢琢磨各种繁琐的数据，对什么都试图用数字加以分析。例如他曾搞出过一套计算收音机转播的棒球比赛分数的复杂程式，用形形色色的符号来标志投球的方式和球的准确落点，除了他自己之外，没有人能看懂那些程式和符号。

成年之后，格林斯潘更充分地显示了这种天生对数字的狂热。一次他应朋友之邀参加一个盛大的家庭宴会，偶然间发现主人家墙角有一本新出的《美国统计数字概要》。于是，独具风味的奥尔良烤鸡和鸡尾酒再也没能吸引他，朋友们都忙于享受美酒美食和华尔兹，格林斯潘却整晚都沉浸在那本书之中。林林总总的数字几乎占据了格林斯潘的整个大脑，有人曾说过这么一句话："艾伦每天吃早饭前都要把工业生产指数分解一遍，把它当作一种健身活动。"

英格兰的一位前银行行长也说："他的这一点，我们都当笑话来说，就是每当他描述美国的经济状况时,都会举出些非常奇妙的例证,比如说,他从吸尘器工业得到的数字表明经济正在上升——或者下降,或别的什么之类的。他对经济中正在发生的一切,有着最深入细枝末节的了解。"

在步入华尔街金融业之后漫长的工作生涯中,格林斯潘总是把自己深埋在大量的统计报表、原始数据、华尔街来的数字,以及各种直接或者间接送到他面前的信息当中,大量掌握基础资料,然后用一种翻个"底朝天"的方式,对成千上万个统计数字进行比较分析,最后得出结论。这种特殊的能力使他总是能比一般人更能认清经济趋势,更早地发现经济运行的方向。

即使是他的反对者也无法否认,格林斯潘是一个能够对海量经济数据进行彻底分析的数学奇才,对数字的吸纳能力之大让人生畏。在就任美国联邦储备委员会主席期间,格林斯潘大大扩展了联储经济数据信息的来源,并亲手建造了一个庞大的信息库。美联储内部工作人员开玩笑地说,只有格林斯潘自己能看得懂由他一手设计的库存跟踪系统。克林顿的首席经济顾问、前联邦储备委员会理事詹斯特·L.耶伦,在和其他一些联储委员会理事讨论过这个系统后说:"我不打算弄明白它了,它实在是太复杂了,超出了我理解能力的范围。"

我为音乐狂

无论如何,在青少年时期,艾伦·格林斯潘最迷恋的仍是音乐。这主要归因于母亲罗丝和戈德史密斯一家以及周围音乐气氛的熏陶。亲友们的赞赏无时无刻不激励着年少的格林斯潘,各种美妙的旋律也深深地吸引了他。格林斯潘的单簧管和萨克斯管吹奏得越来越好,对音乐也越来越痴迷,他甚至开始幻想成为一名专业的乐师。数学在这一时期丝毫没有引起他的注意,尽管他总是非常善于用它去解决各种问题,但深究它、把它当作一项毕生的职业,在一个年仅十四五岁的懵懂少年看来,确实没有成为一名演奏家那么诱人。

格林斯潘在确定了人生方向后,便开始了努力。他除了每日勤加练习、在学校选修各种音乐课程之外,还去纽约数一数二的音乐教师比尔·希纳那里上课。希纳精通多种乐器,除了教音乐外,也和一些知名的乐队合作,参与各种演出。希纳根据格林斯潘的情况,为他选了《萨克斯管演奏法大全》和《克劳塞单簧管演奏法大全》两本教材——这两本书是乐器演奏的经典课本,直到今天仍然有很多人在使用。经过一番勤学苦练,高中毕后，格林斯潘如愿以偿地考入了位于纽约的茱莉亚音乐学院。

茱莉亚音乐学院创建于1905年，它的创始人是作曲家李斯特的孙子弗兰克·达姆罗希。达姆罗希希望自己创建的这所学校能够与欧洲那些著名的古典音乐学院相媲美，他做到了。茱莉亚音乐学院目前是世界上最为著名的专业音乐院校之一，有着"音乐界的哈佛"的美誉，培养了许多世界知名的音乐家，如小提琴家伊扎克·帕尔曼、平夏克·祖克曼、吕思清，大提琴家马友友，钢琴家范·克莱本，女高音歌唱家蕾妮·弗莱明等。茱莉亚音乐学院录取学生的标准非常苛刻，所有学生都必须获得由院内教师组成的甄选委员会的认可，方可入学。可想而知，当年格林斯潘能够进入这所学院就读，并非易事。收获跟付出总是成正比，格林斯潘是个一旦决定要做好某事便全力付出的人。

1943年，此时第二次世界大战正如火如荼地进行着，美国也放弃了袖手旁观的政策，派兵到欧亚大陆参加战斗。由于战争都发生在别人的家门口，美国本土始终没有受到多大影响。17岁的格林斯潘怀抱着自己的梦想，进入了茱莉亚音乐学院，主修单簧管专业。

他不久就感觉到了烦闷。茱莉亚音乐学院的教学刻板至极，让他很难适应，尤其他的主课教师阿瑟·克里斯曼，对学生简直严苛到了吹毛求疵的地步。尽管克里斯曼是一位音乐多面手，除了单簧管外，钢琴、管风琴、小提琴和中提琴样样拿手，还发明了高难度的"双吐奏"单簧管演奏法，让格林斯潘不得不佩服，但他对这位毕业于茱莉亚音乐学院、又在哥伦比亚大学和神学音乐学院深造过的老师，实在是不敢求教。其他课程如音乐理论、听写、视唱、职业音乐概论等，也都非常枯燥乏味，令格林斯潘大失所望。

格林斯潘把自己的苦恼告诉了他以前的课外导师希纳。希纳考虑了一番，帮他出主意道："要不，你加入一支乐队，参加些商业演出试试？"

格林斯潘听了不禁眼前一亮。对呀，音乐归根到底是一门实践的艺术，虽然学院是培养大师的地方，但谁又能说通往罗马的道路只有一条呢？自己的舅舅马里奥、好友斯坦·盖茨，不都是在参加演出的过程中不断磨练出来的吗？格林斯潘立即便被希纳的这个建议吸引了，认为与其在接受茱莉亚学院死板教条的教育中虚耗光阴，不如参加乐队，在演出的过程中真正地去实践、探索，与那些社会上知名的艺术家现场较技、相互砥砺。

年轻的格林斯潘已显示出在遇到困难时积极转换思路、做事讲求实效的一面。

于是，格林斯潘在茱莉亚学院仅仅学习了不到一年便离开了。现在看来，格林斯潘这段短暂的求学经历确实算不上太成功。当时的学院简讯里详细记载了各种优秀学生及奖学金获得者的名单，格林斯潘的名字从来没有在上面出现过；他所在的那个人数不多的班举办的各种活动，如音乐会、社会活动、组织为伤员献血等，也没有一处提到他。

巡演全国

很快,比尔·希纳便为格林斯潘联系到了一个巡回乐团。格林斯潘来到位于57街的诺拉音乐厅参加该爵士乐团的面试。乐团团长亨利·杰罗姆和他的助手罗纳德·加门特让他演奏了几段乐曲,考察他的水平,结果二人很满意。本来格林斯潘还担心自己没有从事过专业乐团演出的经验,不会被录取。杰罗姆非常肯定地对他说:"这绝不是缺点,艾伦,毫无疑问,你是一位受过严格专业训练的合格乐师。"杰罗姆告诉格林斯潘,他被录取了,周薪62美元,格林斯潘非常高兴地答应了。

就这样,1944年1月6日,格林斯潘成了亨利·杰罗姆乐团的一员。

与当时名声响亮的古德曼乐队、米勒乐队或阿迪·肖恩乐队相比,杰罗姆的乐团要逊色很多,里面既没有非常优秀的演奏家,也不以精湛的、独具风格的演奏见长,不过是一支二流乐队。格林斯潘认为,这未尝不是一件好事,没有高手,他的压力便小了很多,既可以赚到钱,又可以在巡演的过程中从容提高技艺,何乐而不为呢?

然而他不知道的是,即使是这样一支二流乐队,对他的定位也不高。

与格林斯潘一样从茱莉亚音乐学院辍学的乐团团长杰罗姆，在很多年后回忆说："艾伦的水平不错，不过他还算不上是一位爵士演奏家。我当初雇佣他是因为他是个优秀的合奏乐手，我没有让他做即兴表演的打算。"

加门特对此也表示赞同："格林斯潘是乐器组里一名水平很好的乐师，演奏非常准确。其实乐队中每个队员的演奏效果是分辨不出来的。这样就对了，对合奏人员来说，他们应该是乐队整体的一部分。"

无论如何，格林斯潘开始随着杰罗姆乐团四处巡演了，他们时而乘公共汽车，时而乘火车，时而租借小汽车，经常一连几个月在外地演出。年轻的格林斯潘此前没有什么机会出门旅行，这让他十分开心。

杰罗姆的这支乐团主要在饭店、轮船、赌场、舞厅等比较传统的场合演奏轻松欢快的摇摆爵士乐，为一对对在舞场中央翩翩起舞的中年男女助兴。然而摇摆爵士乐在风靡了10年之久后，此时已渐渐开始显出颓势，年轻人更乐于尝试节奏狂热的比波普。比波普爵士乐是经过改进的新式摇摆乐，有着一种兜头盖脸向你猛扑过来的旋律，比摇摆乐更耐听，但也更复杂、更强调技巧、更难演奏。

杰罗姆乐队不久便出现了经营问题，客户日见稀少，财务上捉襟见肘，头脑活络的加门特于是建议乐队改弦易辙。这是一个非常大胆的想法，并不是每支乐队都能够追赶比波普爵士乐的潮流，它过于专业，而且受众面小，杰罗姆乐团的实力也明显不够。

亨利·杰罗姆听了加门特的建议，考虑再三，最后还是决定闯一把试试——杰罗姆乐团那个时候最大的优势便是一无所有，即使是失败了，对他来说也没什么损失。

加门特的感觉是对的，那时候有高超演奏技艺的人都想演奏比波普爵士乐。杰罗姆乐团改变风格之后，很快就招来了一批才华横溢的年轻乐师，如次中音萨克斯手艾尔·科恩、鼓手诺曼·卡恩、低音萨克斯手格里·马利根，和当时年仅 19 岁的曼德尔等。曼德尔在后来的音乐人生中获奖无数，好多著名歌手都与他搭档演出过，如迈克尔·杰克逊、弗兰克·辛纳特拉和耐特·金·科尔。

与此同时，风格大变的杰罗姆乐队也完全丢掉了它以前所拥有的演出场所和听众。杰罗姆为此绞尽了脑汁，却始终不见成效——乐队最大的观众群体便是那些一心想成名的音乐演奏者，杰罗姆乐队成了他们观摩的最佳样板。就连比波普爵士乐的创始人之一吉莱斯皮，也曾去观赏过他们的演出。

因为商业上的成绩太差，亨利·杰罗姆不得不在 1945 年草草结束了对比波普爵士乐的尝试。"从商业的角度来讲，当时根本就不应该搞比波普爵士乐，时机的把握很重要，当时玩比波普音乐的时机还不成熟，人们不理解我们的尝试。"杰罗姆后来总结道。他的这一说法非常正确，即使是吉莱斯皮所在的比波普乐队，1946 年也以失败而告终。

这次勇敢的尝试对精明的杰罗姆来说不算太亏，它为他在音乐史上赢得了一席之地。爵士乐历史学家舍恩伯格说："杰罗姆的乐队不属于一流乐队，杰罗姆之所以重要，是因为一些出色的演奏家都曾在他的乐队里演奏过。"杰罗姆的经营能力也在这次尝试中得以提升，他后来又组建了一支新的乐队，再后来成为唱片业的一名高级经理，先后在几家世界知名的公司任职。

短暂的迷惘

这次乐团转型,对每一位成员的人生之路都或多或少地产生了一定影响,其中受到影响最大的,恐怕就是年轻的格林斯潘了。

在加盟乐队之初,格林斯潘踌躇满志,下定决心要在音乐界有一番作为。尽管他的演奏水平还远远称不上大家,但格林斯潘并不急于求成。可是随着乐团转型、新锐加入,格林斯潘感到了一种前所未有的压迫感。看到曼德尔、科恩等与他同龄人的天才表演,他敏锐地意识到了自己能力上的差距,他们的音乐才华是他难以企及的,这是一种天赋的音乐能力,自己就算再努力,也难以达到。格林斯潘想到自己对音乐满腔热情,在这堆人的眼里,却不过是个玩票性质的业余萨克斯管手而已,不禁十分沮丧——这个在乐队里注定永远只是合奏的小伙子,第一次对自己所选择的人生之路感到了不自信。

一天,格林斯潘遇到了童年时代的伙伴卡里约。当时他和乐队的其他成员正在查尔德饭店的舞台上演出,恰逢刚从战场上归来的卡里约也在那里消遣。

卡里约高中毕业后加入了国民警卫队，因为美国卷入了第二次世界大战，投身战斗的卡里约和所有朋友都失去了联系，根本不知道格林斯潘加入了杰罗姆乐队。他瞅了舞台一眼，看见格林斯潘正在吹单簧管，不禁又惊又喜。他向格林斯潘招手，格林斯潘也向他挥挥手。

演奏结束后，格林斯潘跳下舞台，头一句话就是："你参军了？"

"是啊，你怎么没参军？"卡里约说。

格林斯潘有些不好意思地告诉卡里约，他体检的时候，发现肺部有块阴影，因此被军方定为4F体质，其实他的肺没什么事。

老友相见，分外亲热，两人不知不觉聊了很长时间。卡里约告诉格林斯潘，他的战斗生涯马上就要结束了，退伍之后，他要利用国家的优待政策，先去大学读书，然后到政府部门工作。他问道："你呢，艾伦？"

是啊，我呢？格林斯潘也问自己。音乐这条路对他来说，已不再像他以前想象的那么完美了，作为一个业余水平的乐手，混在一支二流的乐队里，这无论如何都不是他想要的。格林斯潘后来坦然地说："我是一个相当不错的乐手，但是从专业人员的角度来说，我的水平一般。我意识到了这一点，因为我很快就发现专业音乐人是多么的出色。我知道这种才能是天生的，要么有，要么没有，所以我确信，就自己而言，我选错了行业。"

那么，他今后的人生道路又在哪里呢？格林斯潘陷入了迷惘。

不过这种迷惘是短暂的。没过多久，年轻的格林斯潘就重新振作了起来。在继续跟随乐队四处巡演的过程中，格林斯潘开始琢磨着放弃音乐，另寻他途。头脑聪明的他敏锐地捕捉着社会的每一个变量，探求适合自己的未来道路。

此时第二次世界大战已接近尾声，与其他饱受摧残的国家不同，美国本土在这场战争中不仅毫发未损，而且因为战时工业的扩大，国力大大增强，经济飞速发展，到处是一片欣欣向荣的景象。格林斯潘非常感兴趣地注意到了这一情况,他试着去了解和分析政府经济政策的风云变幻与市场的时涨时落,很快就被迷住了。

他的数学天赋于是便在此时派上了用场,他开始帮助乐团记账,为伙伴们填报税单——那些密密麻麻的栏目和复杂的计算总是搞得他们头晕脑胀,格林斯潘却乐此不疲。演出休息期间,他便大量阅读从图书馆借来的经济学书籍。曼德尔后来回忆说:"艾伦无时无刻不在读书,我还记得他那副认真的样子。我不懂他读的那些都是什么,但他一开口,我就知道,他读通了。"

确定了自己新的人生方向之后,格林斯潘便下定决心,离开了杰罗姆乐团。从那以后,他再也没动过当一名专业演奏人员的念头。尽管如此,音乐仍是格林斯潘一生中最大的兴趣爱好,亨德尔、莫扎特、舒伯特、勃拉姆斯等音乐大师的作品,都是他终生所爱。有时候兴致来了,他也会应朋友之约,奏上一曲爵士乐。

弃乐从经

1945年,格林斯潘从茱莉亚音乐学院办了退学手续,转而进入纽约大学商学院学习经济学。

纽约大学始建于1831年,是美国最大的一所私立大学,由杰弗逊总统时期的财政部长阿尔伯特创办。纽约大学由18个学院和研究所组成,格林斯潘就读的是斯特恩商学院,世界闻名,金融、营销等各项专业在《商业周刊》《经济学家》《金融时报》等专业报刊举办的众多排名中都名列前十,金融专业更是位列前三甲。

1945年,由于战后退役军人教育优待政策等原因,这所商学院大量招生,有9000多名学生进入其中学习房地产、销售、保险和公用事业管理等专业,因而被人们戏称为"工厂"。学院为这些学生开设的课程主要以实用为主,旨在教给他们一门技艺,而格林斯潘所选择的则是专业性很强的经济学。

尽管商学院的招生数量庞大,但仍为经济学专业配备了很强的师资力量。教授格林斯潘统计学的是任职于国家经济研究所的杰弗里·穆尔,使用的课本之一是伯恩斯和米契尔合著的《商业周期之测定》，该书和凯恩斯的经典著作《就业、利息和货币通论》一样著名。米契尔是国家经济研究所的创建人之一，而伯恩斯则是哥伦比亚大学的知名教授。穆尔对美国经济了如指掌，日后获得了美国经济学会优秀研究员奖，他所使用的未来通货膨胀率指标（FIG）是格林斯潘成为美联储主席后最为津津乐道的指标之一。

进入纽约大学商学院后，格林斯潘这才真正地感受到，自己的潜能被激发了出来。他如饥似渴地学习经济学知识，用3年时间主修了宏观经济学、微观经济学、动力经济学、美国经济史、经济思想史、统计学、高等数学等课程，以优异的成绩获得经济学学士学位，然后又用2年时间获得了硕士学位。穆尔的助教库诺后来回忆说："他（格林斯潘）的求知欲似乎永远无法满足，学习起来如饥似渴。我当时就有种感觉，此人将来必成大事。"

库诺后来成为纽约大学的正式教授，并且一教就是40年，他说在他几十年的教学生涯中，像格林斯潘这么勤奋好学的学生，后来只遇到过一个，那就是美国运通公司的总裁哈维·格鲁布。

格林斯潘和格鲁布除了勤学好问之外，还有另外一个共同点，那就是非常注重知识的实践。他利用课余时间，到华尔街大名鼎鼎的布朗兄弟公司实习。

格林斯潘在布朗兄弟公司的工作，就是把美联储公布的一些数据资料，特别是大型连锁超市的统计数据按周进行整理和调整。这项工作看起来简单，实际上却非常繁琐和艰苦。由于当时没有计算机，一切全凭纯手工操作，大量地计算，不断使用铅笔画图做表，再一笔一画地做出一整套数据的调整流程。这个超级枯燥乏味的工作，格林斯潘做起来却兴趣盎然。在呆板无趣的数字中，他能发现别人眼睛里看不到的东西，他对数据的超级敏感在科学方法的指导下，慢慢达到了"让数据自己出来讲故事"的境界。

格林斯潘尝试着对身边各种经济现象作数据分析,并把分析成果发表出去。一篇名为《中小企业的利润》的文章被《纽约时报》采用,这是格林斯潘的名字首次见于报章,在以后的岁月中,他的名字不知道要上多少次报纸。

此外,格林斯潘还开始积极参加校园内的各项活动。他在学校的管弦乐队里吹单簧管,在合唱团里唱歌,被选为交响乐社团的主席,并担任经济学社团的主席……20出头的他,正处在思慕少艾的年龄,有时候也不免和好友卡维什一起对走在路上的姑娘品头论足。日后成为商学院教授的卡维什回忆说:"我们喜欢打量那些来来往往的女孩,一会儿说,这个女孩漂亮,一会儿又说,那个也不错。"不过格林斯潘在纽约大学的浪漫故事也仅限于此,在那个时候,他还不是一个很能讨女孩欢心的人。他的女同学贝蒂回忆说:"格林斯潘不太喜欢和大家搅在一起,他常常呆在经济系的办公室。他的打扮也和其他同学不太一样,永远穿衬衫打领带,很绅士的样子。我觉得他不是那种能够让人眼睛一亮的人物。"

从纽约大学拿到硕士学位后,格林斯潘马不停蹄,接着又进入哥伦比亚大学攻读博士学位。哥伦比亚大学是美国最著名的8所"常青藤盟校"之一,远在英国殖民时期的1754年便已创建,是美国政治、经济领袖人物的摇篮,西奥多·罗斯福、富兰克林·德拉诺·罗斯福、奥巴马3位美国总统,9位最高法院大法官,以及"欧元之父"蒙代尔、股票投资专家巴菲特等都毕业于该大学。当时吸引格林斯潘的是哥伦比亚大学的实证主义经济学思想,以及米契尔和伯恩斯教授。

导师伯恩斯

韦斯利·克莱尔·米契尔和阿瑟·伯恩斯是哥伦比亚大学经济系的领军人物。米契尔主张经济学研究应当先对事实进行统计分析，然后归纳出原理。他的《商业周期》一书是最早系统地研究经济变化的论著之一，此前只有少数几位思想家探讨过经济周期的可能性。在他的推动下，美国于1920年成立了国家经济研究所，致力于对经济周期的统计调查。米契尔长期担任该所所长，直到1945年后由伯恩斯接任。

阿瑟·伯恩斯，1904年出生于奥地利，幼年时随家人移民至美国，1921年进入哥伦比亚大学就读，师从米契尔。伯恩斯的博士学位还没拿到手，就在哥伦比亚大学和新泽西州立罗格斯大学教书，博士毕业后被哥伦比亚大学聘为教授。经济周期理论是经济学的一项重要理论，伯恩斯被认为是研究经济周期的一位最主要的经济学家，有着深远的影响。

伯恩斯认为经济运行有扩张与收缩的周期，而这些扩张和收缩的阶段，通过对数据变化加以研究，是可以被预测和描绘的。伯恩斯把经济周期比作一条河，其中有激流，也有漩涡，中间还有许多平静的缓冲地带。伯恩斯说，一个好的经济专家就像熟练的领航员，懂得怎样辨别危险来临的信号，并能够在经济陷入困境前给出排除危险的办法。他认为，如果所有经济部门都帮助政府制定一套有效的政治武器以准备对付一切意外事态，那就会创造出一种充满信心的气氛，于是投资就会扩大，就业机会就会增多，经济就能够持续繁荣。后来格林斯潘所从事的事业便是对伯恩斯这一理论的实践。

伯恩斯对格林斯潘影响最深的是他的经济自由主义理念和对凯恩斯主义的批评。伯恩斯认为，仅凭一点数据——美国一下子跳出大萧条——并不能验证政府所执行的凯恩斯理论。凯恩斯认为，经济有一种通货紧缩的倾向，倘若政府不经常进行干预，经济可能会慢慢陷入停顿。许多赞同凯恩斯理论的人认为，这就是大萧条的教训，而伯恩斯却通过数据分析得出不同结论：经济具有自我矫正的能力，即使是在严重的经济萧条期间，某个新产业或某项新发明也会为下一次的经济繁荣创造条件。伯恩斯笃信自然的商业周期，而凯恩斯则把经济看作是一匹懒惰的马，赶一赶才会动一动。

伯恩斯相貌威严，戴一副细丝框眼镜，嘴上烟斗不离口。面对眼前坐立不安的学生，他会不紧不慢地吸他的烟斗，然后清干净烟灰，再添进新的烟丝。他的这一系列举动令学生对他要说的话提心吊胆。他一开口，深沉的男低音威严得不容置疑。

在开学的第一堂课上，伯恩斯问学生："通货膨胀的原因是什么？"

他默默扫视了一圈教室，学生们紧张地等着听下文。伯恩斯从嘴里取出烟斗，说："通货膨胀的原因是政府开支过度。"

教室里登时响起一片嗡嗡声。当时经济学的主流是凯恩斯主义，人人都相信正是因为罗斯福采取了凯恩斯的理论，执行以政府手段刺激经济的"新政"，才使美国走出了大萧条，包括格林斯潘在内的所有人，都视凯恩斯主义为资本主义的"救星"和"济世良方"——除了伯恩斯。

伯恩斯聪明绝顶，他是位经验主义者，对涉及现实世界的观点极感兴趣，而不喜欢纯理论，这一点和格林斯潘不谋而合。伯恩斯的观点——政府的政策有可能给经济造成伤害——深深地震撼了格林斯潘。在伯恩斯的影响下，他渐渐成为自由放任经济论和有限政府论的坚决拥护者。尽管他日后身为美联储主席，所做的工作正是积极管理和调控经济，但他在解除管制等问题上仍然持自由市场的观点。

格林斯潘对待统计数字的认真态度给伯恩斯留下了深刻的印象，很快成为他最心爱的学生。同在伯恩斯门下学习的麦凯回忆说："伯恩斯非常器重艾伦。他们两个都关心极为严肃的问题，都对经济感兴趣，都想知道经济运行的规律是什么。"伯恩斯是格林斯潘的恩师和好友，不仅如此，他还成为日后格林斯潘走上政坛的铺路人和引导者。

非常遗憾的是，格林斯潘没能顺利地拿到哥伦比亚大学的博士学位，因为交不起学费，他不得不中途辍学。伯恩斯则在他之前便离开了学校，他此番是去华盛顿担任艾森豪威尔总统的经济增长和稳定顾问委员会主席。

伯恩斯非常有政治才华，他很快就得到艾森豪威尔总统的信任，着手建立了经济增长和稳定顾问委员会，其成员包括政府的一些部、署以及联邦储备委员会、预算局和白宫的代表。伯恩斯作为委员会的主席，主持工作并向总统提出建议。得到充分信任的他，实际上成了国家在经济方面的总参谋长。以前从没有哪一位经济学家曾经在政府内部起到像他那么大的作用。在运用权力和驾驭他人方面，伯恩斯更像是一个高明的政治家。

任何人在同伯恩斯长谈过后，都会感觉到他知识渊博，说起话来总是充满信心，用词严谨准确，其精确性比大多数经济学家要高得多。连续多届的总统、众议员和参议员以及他的同行都称赞他具有以清晰明了、逻辑性强的方式提供大量复杂资料的能力。福特总统在他的回忆录中写道：

"如果说格林斯潘是一个华盛顿新手的话（那时格林斯潘是福特总统的经济顾问委员会主席），阿瑟·伯恩斯则是战场老兵了。我从没见过哪个经济学家更会与国会打交道，也没有哪个比他更受国会的尊敬。"

1970年，伯恩斯接受尼克松总统的提名，接替威廉·马丁出任美联储主席。他赴华盛顿履职时，在纽约的住房需要处理，伯恩斯不想把它卖给银行，而是希望能由一位朋友帮他照顾。格林斯潘作为他的心腹弟子，毫不犹豫地贷款买下了这所房子。

格林斯潘从哥伦比亚大学退学后，先是在商界干得风生水起，后来又步入政坛，直到最后成为一位"金融沙皇"，这一切都离不开伯恩斯的劝勉和大力提携。伯恩斯不仅在经济上，而且在政治上，对格林斯潘帮助巨大，是他当之无愧的人生导师。格林斯潘对伯恩斯也非常敬重，在担任福特总统的经济顾问委员会主席期间，他随时向伯恩斯通报白宫关注的问题，并在他认为需要的时候，通知伯恩斯出席白宫的一些重要会议。格林斯潘曾幽默地说，他很像是伯恩斯在白宫的"内线"。

第二章
最精明的证券商

　　格林斯潘做出了自己的选择,他进入了经济领域。随后,他便展示出了自己惊人的才华。1954年,28岁的格林斯潘加盟纽约的汤森公司。5年后,他由一个交不起学费的穷小子,摇身一变成为华尔街的一名百万富翁,格林斯潘在经济界声名鹊起,人们都称他是华尔街"最精明的证券商"。

第一段婚姻

在哥伦比亚大学期间，一次偶然的机会，格林斯潘认识了一个名叫琼·米切尔的女孩。米切尔出生于美国芝加哥，就读于芝加哥艺术学院，是一名画家。格林斯潘喜欢上了这个20出头、看上去雍容而又优雅的女孩，他决定追求米切尔。

格林斯潘平日里总是喜欢穿一身和年龄不太相称的老气服装，性格也不够活跃，不像其他年轻人总是充满了激情和活力，所以并不太招女孩子喜欢，谈恋爱的机会少之又少。格林斯潘沉郁的外表下有一个聪明的头脑，他精于计算，凡事都喜欢深入思考，通过对细节的分析找到事情的关键，所以无论什么事情，只要他下定决心去做，便少有失败的时候。他经过一番仔细考虑，这才给米切尔打电话。

电话里，格林斯潘和米切尔两人从学校的奇闻异事到纽约的风土人情，从文学、音乐到艺术，从政治经济到电影明星，大聊了一番，很快米切尔便对他产生了好感。格林斯潘于是趁机向米切尔发出邀请，他机智地耍了个小手腕，提出三个方案让米切尔选择：看电影、打网球或去卡内基音乐厅听音乐会，于是米切尔就选择了和他一起去听一场演奏巴赫和门诺蒂作品的音乐会。

随着交往的增多，米切尔对格林斯潘的印象越来越好，觉得他很有学识，而且谈吐得体，举止温文尔雅。米切尔后来回忆说："和他在一起聊天很有意思，而且我讲话时，他听得非常认真。"

虽然格林斯潘是个不太会花前月下浪漫的人，但他在米切尔面前展现了自己另一面的优点。他对米切尔关切备至，也经常向她展示自己的音乐才华；他向她请教有关艺术史的知识，赞赏她所画的画，也为米切尔读他自己所写的经济论文。恋爱中的米切尔对此并不感到厌烦，相反地，在格林斯潘的影响下，她逐渐对经济学显示出了兴趣。两个人的共同语言越来越多，在格林斯潘狭小的寝室里，经常会飘出古典音乐的悠扬之声和米切尔的笑声。不久以后，两人订了婚。

1952年，26岁正在读博士的格林斯潘与米切尔在皮埃尔饭店举行了一个小型的婚礼，出席婚礼的只有双方的直系亲属，其中包括格林斯潘的父亲赫伯特——戈德史密斯一家对要不要邀请他讨论了很久，最终赫伯特还是上了受邀嘉宾的名单。这是赫伯特·格林斯潘离婚后为数不多的几次与儿子接触中的一次，另一次直到若干年后，在格林斯潘的办公室里，他向儿子讨养老的钱。婚礼那天，尽管他也礼貌地和米切尔说了几句话，但还没等婚礼结束就中途退场了，这让米切尔感到他确实是一个待人冷漠的人。赫伯特曾写过一本赞美罗斯福经济政策的书，宣称政府应该扮演慈祥家长式的角色，可他对自己的儿子却始终没上过心。

婚后，格林斯潘夫妇住进了位于皇后区森林小丘的一间小公寓，母亲罗丝则搬到了曼哈顿岛上的一栋公寓居住。

然而格林斯潘和米切尔的这段婚姻并没有持续多久，10个月后，他们便分手了，这段短暂的婚姻没有给他们留下儿女。米切尔后来谈起他们为什么离婚时说:"真正的分歧在于我们对生活的需求是什么,这与是否相互尊重对方,甚至喜不喜欢对方都无关。我发现婚后的生活很是枯燥乏味,我喜欢丰富多彩的生活,而他却总是喜欢研究各种枯燥乏味的数据;我不想住在森林小丘,而他却喜欢那里。诸如此类。"这话不禁让人想起格林斯潘的父母,赫伯特与罗丝的离婚导火索与之惊人地相似。格林斯潘和米切尔两人最大的问题也在于双方不是同一类人,兴趣爱好差异很大,各有各的社交圈子。

米切尔回忆道:"我们住在森林小丘那套分为上下两层的公寓套间期间,住在我们下面的那一对,总是吵个没完,从来没听到他们俩心平气和地说过话。我和格林斯潘从不吵架,但最后我们还是都觉得分手最好。我想,这种生活都不是我们想要的。"两人分手时,既没有吵闹,也没有怨恨,这应该与格林斯潘温和的性格有很大关系。

第二章
牛刀初试

因为经济拮据不得不从哥伦比亚大学退学后,格林斯潘很快就找到了一份工作,美国国家工业联合会委员会雇用了他,职务是经济分析师,年薪4000美元。

美国国家工业联合会委员会是一个由公司出资、研究商业行为的非营利性组织,1916年成立。当时正处在资本主义大变革时期,农业经济逐渐让位于工业经济,在这样一个背景下,人们忧心忡忡,对这种社会结构的变化担心不已,劳资纠纷日益加剧,各种暴力冲突不断升级,很多人都感觉到一场前所未有的阶级争斗在所难免。为了防止这种事情发生,通用电气公司的工程师亚历山大组织了一次工商界领袖会议,探讨如何缓解当时紧张的劳资关系,更好地认识产业与技术在社会中发挥的作用。这次会议之后,又有过几次类似的大讨论,讨论的成果之一,便是由几家大企业牵头出资,成立了一个研究机构,即现在的联合会委员会。

这一机构一开始备受猜疑,人们担心它会成为资方对付工会的一种工具。这种担心不是没有道理的,如果资方不能够高瞻远瞩的话,结果很有可能就是这样。好在资方没有被眼前的利益所迷惑，而是非常务实地从研究工人们不满的根本原因开始着手。联合会委员会本着科学、严谨的态度，研究工业经营中出现的各种问题，从劳动效率、生产率到医疗保健、职工福利和工作场所的安全，无所不包。

格林斯潘在委员会的工作便是分析诸如铁路和钢铁等行业当时所面对的种种问题。这令长于分析数据的格林斯潘才华得以充分展现，他如鱼得水，表现得异常出色。虽然格林斯潘在这家机构工作的时间并不算太长，但他给同事们留下的印象非常深刻。大家都喜欢这个对数字有点歇斯底里的年轻人。当时尚未与他离婚的米切尔回忆说："在那个年代，人们连吃午饭都要优哉游哉地喝上3杯马提尼鸡尾酒，而格林斯潘已经像今天的投资银行家一样没钟点地干了，而且还是在一个非营利组织里。"他通常每周工作6天，星期天打高尔夫球。

联合会委员会有一个藏书浩瀚的图书馆，它成了格林斯潘在联合会委员会工作期间最爱去的地方。图书馆内完整齐备地收集了美国几乎所有重要工业和行业的详细统计数据。绝大多数人面对这些无边无际的数字和资料都会恹恹欲睡，格林斯潘却读得津津有味，不忍释卷。

在哥伦比亚大学读书期间，格林斯潘曾选修过雅各布·沃尔福威茨教授的一门数据统计与经济理论相结合的课程，这门课程对他影响深远。在这门课程中，格林斯潘首次接触了用数理统计的方法把经济结构之间的变量进行构建的全新理念，并由此形成了对整体经济发展状况和动态趋势完整而成熟的分析思路。在联合会委员会的图书馆里，他开始思考和着手构建自己的"格氏模型"。尽管这一模型最终也没有形成一个相对清晰的理论体系，并缺乏数学工具进行准确表述，但格林斯潘在大脑中为它搭建了一个超级数据库，其中存储着矿山、冶金、钢铁、铁路运输、汽车工业等各行各业全面而翔实的历史数据。由于这些数据来源于生产实践的第一线，而且有着跨度极大的年代积累，所以"格氏模型"的数学模板和他大脑中的超级数据库相结合所产生的结果，要远比基于纯理论的经济学模型更加准确和切合实际。

很快，格林斯潘对美国经济机器运转的整体机制已经了然于胸，他的大脑就如同装备了一个快速分析美国整体工业现状和发展趋势的软件，从数据中就能把握到经济活动的规律和脉搏。他的大脑中呈现出一幅明晰的宏观图像，仿佛牛顿所看到的自然界和天体的运行规律。通过经年累月大量密集地阅读和积累数据，"格氏模型"成功地创建起一个独到而准确地分析整体经济机器和局部行业部件运行状态的数据流和数据模块。如果将企业的一系列经济活动的基本参数输入，在格林斯潘的大脑中立刻能够生成一份预测宏观经济周期的报告，并自动附带完整的柱状图和线态图。

就像其他行业的工程师一样，格林斯潘对于经济学理论并没有太大的兴趣，因为工程师感兴趣的是如何解决实践中出现的各种问题，而不是抽象的理论探讨。格林斯潘的兴奋点在于技术层面特别是数据和模型，更关注经济机器实际上怎样运作，而不太理会经济学理论如何解说。他试图用自己的模型来理解这个世界，用他的数据来验证这种推测。

去联合会委员会藏书丰富的图书馆借书成了格林斯潘乐此不疲的一件事，有些书他始终未还。1996年，在庆祝联合会委员会成立80周年的仪式上，格林斯潘被授予了一个奖项，主持人开玩笑地在台上通知他去补交逾期不还的图书的罚金，说这笔钱的数额如今已占了美国国家债务不小的百分比。这令在场的所有人都忍俊不禁，其中也包括时任美联储主席的格林斯潘。

格林斯潘善于整理分析数据的声誉在1952年达到了一个小高潮。

当时美国正在参加朝鲜战争，军事工业相关的所有信息，例如战斗机、轰炸机和其他新型飞机制造的数据，都被列为军事机密。很多与飞机制造密切相关的产业，如特种金属、铝、铜、钢铁等行业急切需要了解军工生产的信息，但由于缺少军事工业方面的数据，华尔街以及众多行业的分析人士都无从着手，没人能说清楚战争行为会对未来的经济发展造成什么样的影响。

格林斯潘却对此充满自信，他决心要把被军方严密封锁、守口如瓶的军工生产信息自行推算出来。格林斯潘首先从公开的信息渠道着手搜索，马上发现军方的保密工作做得非常好，所有跟军用飞机制造相关的信息，从飞机型号、飞机用材、飞机编制到计划生产架数等，全被封锁得滴水不漏。

格林斯潘于是退而求其次，转而搜寻"二战"时期的经济数据，因为军方没有对这一期间的军工数据进行保密。格林斯潘从20世纪40年代的国会记录中找到了相关行业的听证会和官方公布的有限数据，他以此为基准，通过尽可能的渠道，千方百计把可以公开获得的有关飞机行业的各方面的数据和信息聚合到一起。一时间，工程师的操作手册，各相关企业的生产报表、管理报表和大量联邦统计报表，以及美国国防部所公布的可以查阅到的外围行业的订单数据在格林斯潘的案头堆积如山。

"格氏模型"开始运行了。

基于"二战"期间的数据，靠着有限的公开信息，例如某种型号飞机的重量，格林斯潘从分别计算飞机构件材料中铝、铜、钢铁的比例和数量入手，逐步把每架飞机的用材计算清楚，然后进行总量整合，既而反过来倒推美国军事工业对整个经济体的各部件，如对铜、钢铁、冶金、铁路运输、电力等行业所构成的经济影响。

1952年，格林斯潘的研究成果横空出世。这篇标题为《美国空军的经济学》的文章一经发表，立即引起了五角大楼的强烈反应。这篇文章的统计结果与美国军方所掌握的秘密数据惊人地接近，以至于军方断定"这个人一定是拿到了我们的秘密数据，否则不可能这么精确"。

在联合会委员会工作期间，格林斯潘在不断提高其分析数据能力的同时，也在积极地扩展着自己的人脉。虽然格林斯潘并不善于夸夸其谈，但他总是能以自己的真诚和实际行动赢得他人的好感，谁会不喜欢和一个诚恳而又头脑聪明、无论做什么分寸都拿捏得恰到好处的人交朋友呢？他与联合会委员会的每一位同事都相处愉快，和同样在纽约大学学习过的经济学家萨默斯关系尤为密切。萨默斯对自由派的经济观点情有独钟，但同时也赞成"积极有为的政府"，格林斯潘很欣赏萨默斯对不同社会科学的观点兼收并蓄、全面审视经济学的做法，经常和他展开讨论，两人也常常在一起切磋网球技艺。

格林斯潘还与大名鼎鼎的桑迪·帕克共事过，两人共用一间小办公室。帕克后来成为《财富》杂志的首席经济学作家，开了一个预测经济的专栏，在经济界影响很大。帕克有一种令人钦佩的本事：经济体制中某个犄角旮旯的一只蝴蝶振一下翅，他就能看出它会给另一处犄角旮旯带来一场怎样的风暴。帕克和格林斯潘一样，也是个数据狂，熟谙美国经济的各个方面。有人这样评价他："美国经济的一切都装在他的脑子里，不管你问他哪一方面，他都知道哪些数据有，哪些数据没有，以及其他种种细枝末节。"

格林斯潘经常在报刊杂志上发表经济预测文章，这是一条非常好的自我宣传并经营与新闻界关系的途径。这些在他以后的发展道路上都发挥了作用。格林斯潘似乎有一种未卜先知的能力，总能够在正确的时间结交到对他有用的人，做一些未雨绸缪的事。

投身华尔街

正当格林斯潘在联合会委员会干得兴致勃勃时,在华尔街经营一家经济咨询公司的威廉·汤森找到了他。

在20世纪50年代,咨询作为一个行业才刚刚起步,为数不多的咨询公司主要为企业家提供一些资料性的服务或者协助公司简化生产程序,经济咨询专家更是凤毛麟角,他们负责为客户解释各种指标,如通货膨胀、利率、新盖的住宅数量等,公司可以据此制定未来的规划。年逾60的汤森原本是一名成功的证券交易员,但在1929年股市大崩盘中失去了一切财富,于是与一位名叫斯金纳的经济学专家合伙开了一家经济咨询事务所。这在当时可算是眼光独到,现在全球顶尖的咨询公司,如贝恩、波士顿等,那时候还没成立。

汤森-斯金纳事务所的主要业务是向投资经营者提供经济情报,它的顾客有银行、保险公司和退休金基金的资产经营部经理以及一些富翁。汤森是事务所的推销员,负责四处寻找客户,而斯金纳则是位经济学专家,负责分析数据和预测未来的经济趋势。起先,斯金纳直接通过他在银行界里的关系获取关于流动资产和贷款–存款比例的情报来做经济分析预测，后来这类情报日益普及，斯金纳就转而搜集那些更难搞到、因而对顾客更有价值的其他数据，于是事务所就和格林斯潘有了业务往来。格林斯潘向事务所提供联合会委员会的数据以及自己对经济的分析预测，一来二往，便给汤森留下了印象。

40年代中期，斯金纳便去世了，他的女儿接替他在事务所干了一段时间后，辞职嫁给了意大利的一位伯爵。汤森把他的女婿诺尔斯招到事务所。诺尔斯做的时间也不长，他离开后，汤森不得不再次物色一位新合伙人，他想到了格林斯潘，便约他前来面谈。

此前两人一直是通过电话联系，初次见面，汤森大吃一惊。他在电话里听格林斯潘声音低沉，讲话慢条斯理，以为格林斯潘与他年龄差不多。汤森那年65岁，而格林斯潘才27岁。老汤森一眼就相中了年轻的格林斯潘，劝说他为该所的新合伙人。

格林斯潘从联合会委员会辞职，加入了威廉·汤森公司。在当时，没有人愿意去华尔街工作，因为自从1929年股市大崩盘之后，华尔街一直处于低迷状态，直到1954年，道琼斯平均指数才缓慢回复到大崩盘前的水平，华尔街在大多数人的眼里，仍旧是个骗子们呆的地方。整条华尔街都招不到人才，一个聪明而有前途的大学毕业生最不想去的地方就是华尔街，通用等大型实业公司对他们的吸引力要大得多。其实，当时美国经济正在恢复繁荣，整个50年代是华尔街股市收益最好的时期，格林斯潘在此时投身华尔街，显示了他慧眼独具和行事的果断。

两人合伙成立的新公司名叫汤森–格林斯潘咨询事务所，该事务所专门就产业问题提供咨询，原来那家汤森–斯金纳事务所仍然保留，继续为金融行业的顾客服务。两家事务所听起来很排场，其实只不过是两块牌子一套人马，所有人员加起来只有5个人：2位合伙人、2名研究员，外加1

个秘书。5个人挤在位于52街的一间简陋的办公室里。

格林斯潘对这间事务所充满了信心，这源于他对自己专业能力的自信。格林斯潘天生是个分析数据的高手——X名工人用了Y小时生产了Z吨钢，这些钢又装了多少车皮，锻造出了多少大梁、飞机支杆和汽车稳定板……把经济的各个细节聚合在一起，然后分析出未来走向的结论，对他来说，就像玩拼词游戏一样简单而有趣。对一个数据狂来说，以这样一间公司来开始自己的事业，再合适不过了。

格林斯潘为了掌握最有价值的经济数据，经常深入公司或者行业协会进行调查，以获得第一手的资料。一有机会，他便向公司经理或者工人询问相关问题，以了解他们所在行业的竞争态势。除此之外，他还经常参加一些经济学家组织的会议，把握经济宏观政策的动向。1956年至1958年期间，格林斯潘纽约大学时期的朋友卡维什正在大通曼哈顿银行任职，作为该银行的商业问题经济专家，卡维什也经常出席这些会议。时隔很多年后，他仍记得格林斯潘在这些会议上给所有人留下的深刻印象："格林斯潘对美国经济可以说是了如指掌，它的每个部分之间是怎样一种关系，哪些是骨头、哪些是肌肉和血液，他都一清二楚。而且，在数字上没人能玩得过他。"

格林斯潘感到经济咨询这个行业犹如一件定做的外衣，格外适合自己。在经过几番曲折之后，他终于找到了适合自己天性的位置，扬起了事业的风帆。

惊人的能力

格林斯潘解决问题的思路总是异于常人，与其他经济预测专家注重经济的宏观动向不同，他总是喜欢研究来自最底层的数据，探究其中蕴含的奥秘。例如，他喜欢把纸板作为一项经济分析指标，因为纸板这种材料在商品生产与销售中不可缺少，人们用它包装各种商品。格林斯潘认为，纸板需求增加是一个好的经济信号，说明经济活动更为活跃。像这类指标，学院派的经济学家们从不会关注，但它却很灵验。格林斯潘不停地增加各种稀奇古怪的指标，要求下属跟踪越来越多的数据，这令他们有些抓狂，常常理解不了格林斯潘那异于常人的思路，收集不到他想要的数据。

威廉·汤森非常欣赏这个思维与众不同的年轻合伙人。老汤森性格乐观向上，待人和蔼可亲，一张嘴整天滔滔不绝，天生是干推销的好材料。相比之下，格林斯潘就沉默寡言多了。他无论干什么，汤森都赞不绝口。在老汤森的眼里，格林斯潘简直是个完美无缺的天使，甚至他那间杂乱的办公室也成了汤森赞美的对象。

"艾伦的桌子上面总是乱作一堆，而汤森的桌子一直都很干净整齐，可是汤森却跟我们说，桌子乱是天才的迹象。"卡普兰回忆道。卡普兰1956年加入汤森-格林斯潘事务所，一直干到1987年格林斯潘去华盛顿就任美联储主席职务，该事务所不得不关门停业。

在老汤森和格林斯潘的齐心协力下，事务所的生意大获成功，客户遍及美国工业界，其中不乏美国钢铁公司、欧文斯·康宁玻璃制品公司、韦尔豪泽木材公司和美国铝业公司这样的行业巨头。事务所承揽的业务也越来越多，客户们希望听取它对每一个产业部门经济形势的看法，他们可以据此就是否增加员工、开办新厂或投资新设备等作出决定；客户还希望用新的办法分析解释已有的数据，事务所提供的最受欢迎的一项服务是每月对国民生产总值作出估算。政府每过3个月才公布一次国民生产总值数字，这远远不能满足企业的需求。汤森-格林斯潘事务所还为客户绘制图表。当时计算机尚未普及，绘制图表是一项非常耗时费力的工作。

格林斯潘做事非常讲究实际，和他的前任斯金纳一样，他常常为统计数字很快便会过时而感到头痛。他总是尽快走在别人的前面，想出种种新方法满足客户的需要。

到50年代末，随着技术的发展，经济咨询这一行也有了新的变化，计量经济学、计算机模型开始引人注目。在宾夕法尼亚大学沃顿商学院执教的克莱因领导了这一新潮流，日后他因开创用计算机制作计量经济学模型而获得诺贝尔奖。

计量经济学采用一种所谓黑匣子的办法——大量的数据被输进计算机，经过自动处理，转化为一幅详尽的经济图表。在精心设计的程序里，每一个变量都会影响到所有其他变量，例如，汽车销售量的增加会导致石油消费的上涨。为了得到精确的结论，计算机使用者需要把每个因素的相互作用都考虑到，因而程序很复杂，一行又一行的数码越积越多，简直就是一座数字的大山。格林斯潘这位剖析经济的能手对计量经济学一直心怀疑虑。

1958年，他在《美国经济评论》上发表文章道："史蒂芬·泰勒正确地指出处理资金流量账户的基本问题是我们金融理论的原始性。这些极其复杂的账户构建得非常巧妙，除非我们知道我们想用它们来做什么，否则它们就像一堆随机数字那样没有什么实际价值。"

尽管格林斯潘对计量经济分析表示怀疑，汤森-格林斯潘事务所还是花了10万美元购买了一台IBM公司的1130型计算机，并为它编制了一个名叫"模思"的分析程序。这台价格昂贵的计算机，体积足有一辆小轿车那么大，运算的时候，周围还要摆上好几台摇头扇不停地对着它吹风，给它降温。不仅如此，为了使用这台计算机，事务所还不得不保存数目庞大的穿孔卡片，外加大量原始软盘，每张软盘重约5磅。

即便如此，在当时，靠计算机编制计量经济学模型，其艺术性也远大于科学性，无论是谁，包括克莱因这样的电脑奇才，也必须不断地对计算机给出的计算结果进行加工，像格林斯潘这样的大行家，更是对计算机的结论嗤之以鼻，他常常大幅度修改这些结论。他的助手艾科霍夫回忆道："艾伦觉得，计算机的计算结果难以反映经济的全貌。他主张从基本数据入手分析经济。汤森-格林斯潘事务所一向采用这种办法，而不相信什么黑匣子模式。"格林斯潘认为，过于复杂的理论或模型容易把人导入歧途。后来作为美联储主席，他因摒弃模型并将美联储的政策概念化而受到人们的广泛赞誉。

兰德与客观主义

格林斯潘与米切尔分手后，两人的关系反倒变得亲密起来。有人说格林斯潘有一种本事，能让与他交往过的人都不离开他，其实这是他的性格和能力使然。格林斯潘虽然缺乏浪漫，但性情温和而又才华过人，完全是一个值得交往的朋友。在跳出婚姻的约束后，格林斯潘与米切尔没有了感情上的纠葛，两人反倒轻松了许多，生活似乎又回到了以前的日子，他们经常在一起讨论艺术、音乐和文学，当初正是这些共同的兴趣使两人相互吸引。

米切尔是安·兰德的忠实信徒，经常参加在兰德家举办的沙龙聚会。安·兰德是一位小说家和哲学家，她来自于苏联。她的小说《源泉》和《耸肩的阿特拉斯》为大众所熟知，其客观主义哲学也曾盛极一时，这个思想体系的主要内容是：追求个人利益是道德的，而政府干预个人权利是邪恶的。

米切尔积极向格林斯潘推介兰德的客观主义和小政府主义思想，并拉他一起去参加沙龙聚会。格林斯潘起初对此不以为意——他对逻辑实证主义哲学更有兴趣，但随着与兰德和她的拥趸们接触次数增多，他发现客观主义思想与他的自由主义经济理念有很多相契合的地方，于是兴趣大增。格林斯潘被兰德的思想吸引住了，他后来回忆说："我刚认识安·兰德时，是个亚当·斯密式的自由企业家，满脑子理论结构和市场效率。经过与兰德长时间的讨论，和多次争论到深夜，她使我思考，为什么资本主义不仅是有效率的和可行的，而且是合乎道德的。"

兰德信奉客观主义和小政府主义思想，她发起了一场所谓的客观主义运动，这一运动的主题是：人们积极地追求他们各自自身的利益，而不是追求社会作为一个整体的利益的时候，所形成的合力，才能最有效地对社会发挥推动作用。它注重从人的心理动机深处去寻找人们社会行为的终极根源，并由此而形成一种社会改造的蓝图。客观主义理论提出了一种试图判断道德善恶的"新角度"，为自由资本主义找到了"充分的辩护依据"，认为只有利己才能利他，因此认为自由资本主义不仅从利益的角度来讲是最符合经济法则的，而且也是最符合善的道德标准的。

在兰德家举办的沙龙里，大家无所不谈，其中自然包括经济，于是格林斯潘便有了发挥特长的空间。他开始展现自己的经济学才华和性格中成熟沉稳的一面，很快兰德便开始欣赏和信任他。

在整个50年代，格林斯潘成了兰德沙龙的常客，也成了她创办的刊物的积极撰稿人，他的一些文章经常见诸于《客观主义者》杂志头版。他在一篇文章里抨击保护消费者法，文章写道："正是商人的贪婪，或者更准确地说，是商人对利润的追求，才是消费者的最佳保护人。集体主义者不明白，拥有良好的商业信誉和优质产品符合每个商家的自身利益。"

格林斯潘写过的最具煽动性的一篇文章恐怕要数题为《黄金与自由经济》的这一篇，发表于1966年7月。在这篇文章里，格林斯潘力主实行纯粹的金本位制，而不是当时实行的混合金本位制。他认为："只有纯粹的金本位制，才是应对通货膨胀的唯一可靠的方法。一种货币应该代表某种有形的东西。"他对美联储在没有黄金做后盾的情况下放松银根的做法感到不解，甚至质疑美联储是否有独立行事的权力。格林斯潘继续写道："美联储由12个名义上归私人银行家所有的地区联邦储备银行组成，但实际上却受政府的扶持和控制。"

直到1982年兰德去世，在20多年的时间里，格林斯潘一直是她的忠实崇拜者和亲密朋友。如果说格林斯潘倾向于自由市场的观点是受了伯恩斯影响的话，那么帮他坚定这一思想转变的人就是兰德。兰德的客观主义哲学对格林斯潘的自由市场资本主义思想产生了深远的影响，使他对自由市场的信仰几乎走向极端，有一段时间，他不断地批评政府对经济的干预，甚至走到了反对垄断法、累进消费税及消费者保护立法和补贴的地步。人们一致认为，这位女作家对格林斯潘的影响，不亚于格林斯潘的导师伯恩斯和他的母亲。

最精明的证券商

1958年，70岁的汤森因心脏病发作突然离世，年仅32岁的格林斯潘成了事务所唯一的合伙人。汤森的家人表示要把汤森家族的公司股权全部卖给他，格林斯潘买下了，但仍保留了公司的名字——汤森-格林斯潘有限公司，已示对老汤森的怀念。

凭着公司良好的信誉和格林斯潘在社会上的声望，事务所的经营不断扩大，开发了一批在金融业和制造领域颇有影响的客户。同时，格林斯潘还创造了许多新颖奇特、有利可图的业务，比如为企业高层提供经济分析意见。正如一位美联储的官员日后所说："他是第一个专门向总裁们提供预测的人。"格林斯潘非常善于赢得大公司主管的信任，唐纳森-勒夫金-詹雷特公司的创办人之一勒夫金和后来成为花旗银行首席执行官的桑迪·威尔都被他那沉稳自然的举止所吸引。

"艾伦的诚实招人喜欢。他一看就是个聪明人，讲起话来不慌不忙。这些大老板重视倾听他的观点，觉得少不了他。"麦基说。

显然格林斯潘已在业内声名远扬，但他仍旧不忘时时制造些噱头来吸引更多的眼球，经常在知名杂志上发表经济预测文章是他打响知名度的法宝。1962年1月，《时代》周刊全面评述美国沉浮不定的金融市场时说："最悲观的是汤森-格林斯潘有限公司的艾伦·格林斯潘，他说：'在春季之初，或者最迟在年中，牛市将到达顶峰。'"他的观点比他预期的更早得到了证实，标准普尔500指数几乎马上便开始了下跌，一直到6月底，下跌了25%。

1966年，他和桑迪·帕克一起搞了一个非常有卖点的项目——帕克此时已是《财富》杂志的首席经济师——二人合写了一篇文章，剖析联邦政府编制的越南战争预算。帕克和格林斯潘通过分析表明，如果战争一直按照当时的规模打下去的话，实际开支会比约翰逊总统预算的战争拨款多出90亿美元。《财富》杂志将这篇文章刊发在1966年4月一期的封面上，文章发表后，立即引起了巨大的轰动。

格林斯潘是精于计算而又现实的，在流行杂志上发表这类文章，比在学术期刊上与那些暮气沉沉的经济学家们探讨来探讨去，显然更有实实在在的回报。格林斯潘几乎从来不在严肃的经济学杂志上发表论文，流行刊物的炒作给他带来的名声更快、更响亮，没用多久，经济圈里的每一个人就都知道了他，这对于汤森-格林斯潘事务所的品牌营造来说，自然是如虎添翼。

格林斯潘在华尔街获得了"最精明的证券商"的声誉。随着他的名气越来越大，汤森-格林斯潘事务所的牌子也越来越响。20世纪60年代中期，它有员工10余名。事务所先后搬了两次家，办公室越换越宽敞，先是在百老汇39号，后来又搬到派因街80号。不过，格林斯潘喜欢乱摆乱放的习惯仍没有改，他仍喜欢将装有各种数据资料的文件夹塞满办公室的各个角落。

到20世纪60年代末，格林斯潘已成为一名百万富翁。他在联合国广场860—870号买了一套公寓。这栋大厦是汤森-格林斯潘事务所的客户之一美国铝业公司建造的,因为格林斯潘买得早,他拿到了一个好价钱。联合国广场后来成了一处极为抢手的地产,参议员罗伯特·F.肯尼迪、著名节目主持人卡森和播音员克朗凯特都是这栋大厦的住户。

  格林斯潘事务所的生意蒸蒸日上,在咨询行业,他的名字如雷贯耳,大多数人都认为他会沿着这条路一直走下去,最终把咨询事务所发展成为一家跨国公司。格林斯潘长期以来给人的印象都是谦和、可靠、博学、文雅,他的性格不够活泼,甚至稍稍有点内向,谁也不会想到——其中包括格林斯潘自己——他后来竟慢慢放弃了这家非常有前途的公司,而走上了仕途,更没想到,他能够在政坛一飞冲天,成为"比总统更有权势的人"。

女人们

随着格林斯潘的名声和财富与日俱增，他那不太讨女人喜欢的一面变得越来越不明显，一个功成名就的人身上闪闪发出的光会把它巧妙地遮掩住。格林斯潘的身边不再缺少女朋友，他也时常带她们去参加朋友的聚会，但无论是谁，最终都没能和他走到一起。在经历过一次短暂的婚姻之后，格林斯潘似乎对它有点儿抗拒。

格林斯潘乐于和女强人们相处，他的母亲独自一人把他从小拉扯大，使他养成了这一习惯，他常常以欣赏的眼光看待那些强势的女人，所以才能和安·兰德的关系始终保持融洽——这位脾气暴躁、喜爱吹毛求疵的女哲学家后来几乎与她的每一位崇拜者都决裂了。在汤森-格林斯潘事务所，格林斯潘聘用了艾科霍夫等多位女经济学家，基本上没有男性。很多人都会因为成天被异性包围着而感到不自在，格林斯潘却丝毫没有这种感觉。对于外界的一些非议，格林斯潘用几句玩笑话敷衍了过去，他说："我对男女员工一向一视同仁。由于其他地方歧视妇女，我发现女经济师比男经济师更省钱。雇用妇女有两个好处：一是事务所花钱少却得到了优质的服务，二是提高了妇女的市场价值。"

格林斯潘初次与艾科霍夫见面时，她刚从密苏里州立大学毕业，在华尔街的一家经纪公司担任助理研究员。一次，老板带她参加美国统计学会举办的商业午餐会，她在那里认识了格林斯潘，两人一见如故，无论是作为同行还是从个人性情上讲都很投缘。

1962年，艾科霍夫以经济学家的身份加入汤森-格林斯潘事务所，同时她还成了格林斯潘的女友，两人背着别人悄悄好了好几年。他俩一起出去看电影，看戏剧，听音乐会，这些都是纽约市夜生活的一部分。两人还喜欢享受呆在室内的乐趣，有时无非是呆在家里看电视。格林斯潘有时也试一下烹饪，尽管他只会做寥寥几个菜，但艾科霍夫表示很喜欢吃他炒的鸡蛋。"格林斯潘什么都想干，哪儿都想去，他是个很讨人喜欢的人，对自己充满自信。他年轻时恐怕还没有这种自信，与格林斯潘聊天非常有意思，可他作为美联储主席在参议院作证时，你是看不出他的这一特点的。"艾科霍夫说。

格林斯潘向艾科霍夫宣传了兰德的客观主义。在他的介绍下，艾科霍夫认识了兰德，并且喜欢上了客观主义哲学。

艾科霍夫与格林斯潘的这段感情好似昙花一现，没过多久便结束了。艾科霍夫后来评价说："我与格林斯潘的关系不是逢场作戏，我们两个人只是没有好到讨论是否结婚的程度。"

两人终止关系后，艾科霍夫继续留在事务所。日后，格林斯潘由于公务繁忙，越来越难以留在事务所里主持业务，有时甚至一连几年都不在所里，艾科霍夫实际上代他经营了汤森-格林斯潘事务所。

艾科霍夫结婚后，她的丈夫史密斯应格林斯潘之邀还在事务所短期工作过。史密斯也是客观主义学派的一名成员，多年担任曼哈顿下城一家有名的爵士俱乐部"乡村一角"的老板。在格林斯潘的这段生活中，经济学与前情人、音乐与客观主义哲学十分和谐地交织在一起。

格林斯潘与前妻琼·米切尔始终保持着密切的联系。米切尔嫁给兰德沙龙的另一位成员艾伦·布卢门撒尔，跟随夫姓改名为琼·布卢门撒尔。有人说，兰德沙龙就像是一个近亲繁殖的团体，成员之间沾亲带故或联姻，关系错综复杂。格林斯潘并不在意自己的前妻有了一个新丈夫，而且和他同在一个社交圈子内。事实上，他与布卢门撒尔在很多方面都很聊得来。布卢门撒尔说："我与艾伦很快就成了好朋友，我们两人常常在一起聊音乐，而且我们喜欢的音乐作品大致相同，尤其是莫扎特的作品。不过我们两人是从完全不同的角度去欣赏莫扎特，我会欣赏莫扎特的某一乐章，对这位稀世天才赞叹不已；而艾伦则喜欢评论莫扎特对对位声部的运用，探讨他音乐中的内在声音以及蕴含的数学特征。讨论的结果都是一样，我们俩都喜欢莫扎特，但侧重点却完全不同。"

格林斯潘是个善于调和的人，他能够把往事和现在的生活、工作混合在一起，而不会发生剧烈反应。他那平和恬淡的性格使他能够容他人难容之事，兰德倡导的冷静的客观主义精神，格林斯潘天生就有。

格林斯潘常常携女友与布卢门撒尔夫妇聚会。不过他对米切尔坦言，一时半会儿他恐怕不会再去碰婚姻这座圣坛。

米切尔认为，格林斯潘从自己有些孤傲的性格中，看到了父亲的影子。清高对于一个人来说并不算什么大问题，格林斯潘认为，孤高的人生来如此，倘若他生性孤高的话，那就随它去好了。格林斯潘不想违背自己的天性——这恰恰是他的父亲赫伯特犯的错误，要了一个他无意抚养的孩子，格林斯潘不想重犯父亲的错误。

这一时期，格林斯潘还曾与一位名叫谢弗勒的女人交往过。谢弗勒是个离异的家庭主妇。兰德沙龙的一位成员赫森回忆说："谢弗勒高高的个头，有着一头红发，长得很美。格林斯潘带她来参加我们的聚会的时候，我当时甚至觉得她应该找个更配她的男人。其实格林斯潘那时候已经是个赫赫有名的人物了,我这么讲听上去可能有点可笑。"

青春期时情场失意的格林斯潘如今颇受女人们的青睐。他凭着个人的才华开始在上层社会崭露头角,人也变得越来越成熟稳重。

"艾伦显得很有力量。我不是说他长得健壮,而是就他的品德和智慧而言。他喜欢女人,女人多半也喜欢他。"兰德沙龙的另一位主要成员芭芭拉·布兰登说。

第三章
从华尔街到华盛顿

格林斯潘成为了华尔街的明星,但在华尔街呼风唤雨却并不是他的最终志向。事实上,在华尔街打拼的20多年里,格林斯潘频频游走于华盛顿官场,为自己从商人向官员转变作足了准备。于是在1967年,他摇身一变,成了尼克松竞选总统时的经济顾问,从此开始步入政坛。

助选尼克松

转眼之间,格林斯潘已经在华尔街闯荡了15年。在这15年中,他由一个因为贫困不得不中途辍学的博士生,转变成为经济界人人皆知的百万富翁。在他年复一年的精心谋划下,格林斯潘这个名字早已成了华尔街的一块招牌,事务所的生意蒸蒸日上,前景一片光明。已过不惑之年的他,对这一切都感到非常满意。

一天,格林斯潘在布罗德街上偶然遇到了他在亨利·杰罗姆乐团时的好友——罗纳德·加门特。加门特和他一样,当初也因感到自己在音乐方面不会有太大的作为,在格林斯潘离开之后不久便也离开了乐队,进入布鲁克林法学院学习,毕业后进入一家律师事务所工作。

在那时候,律师事务所的人事变动非常频繁,加门特所在的这家事务所后来并到了尼克松–马奇–罗丝–格里思–亚历山大–米切尔律师事务所,合并后的事务所最大的股东是曾经遭受过两次政治挫折的尼克松。

60年代初,理查德·米尔豪斯·尼克松的时运不佳,他在1960年的总统选举中以极其微弱的差距败给了肯尼迪,接着又在1962年的加利福尼亚州州长选举中输给了布朗。尼克松对此十分郁闷，便暂时抛开了政治，投身于回报丰厚的律师行业，出资与人合伙开了这家律师事务所。

加门特便在此时获得了他的青睐。尼克松是个政治欲望非常强烈的人，在律师行业狠赚了几年后，终于还是按捺不住内心的欲望，又开始筹划参加1968年的总统大选。他请加门特帮他物色一些不同寻常的人物来帮助他竞选——加门特有一项特殊的能力，善于挖掘人才，并能够把不同种类的人聚合在一起，早在当年乐团巡演时，年仅19岁的他就是团长杰罗姆的得力助手，为杰罗姆物色到不少日后成为巨星的乐坛新秀。

格林斯潘在经济界名誉卓著，加门特立即就想到邀请他参加尼克松的竞选队伍。他和格林斯潘畅谈了一番之后，回去便马上向尼克松推荐了格林斯潘。

尼克松对加门特的这一建议非常重视，因为他在上一次的总统竞选中已经深刻地认识到了经济对竞选的重要性。1959年，时任副总统的他正准备向总统的宝座发起冲锋，伯恩斯作为他的经济顾问告诉他，美国经济马上要进入一个衰退期，他对此将信将疑，而没有将经济作为一张主打牌。没想到1960年美国经济果然陷入了衰退，尼克松以0.2%的差距败给了肯尼迪。

尼克松对此后悔不迭，此次参加竞选吸取教训，对这一方面自然格外注意，他再次邀请伯恩斯做他的经济顾问。加门特向他推荐的格林斯潘既是伯恩斯的爱徒兼好友，又在经济界声誉卓著，尼克松对这样一个不可多得的人才突然出现，当然是喜出望外。

他很快便安排了一次会面。在这次会面中，格林斯潘以其特有的说话方式，对着总统候选人大谈了一番美国的联邦预算，他向尼克松解释如何从这些原始数字入手，了解历届总统的政治风格。内容太过专业，加门特在一旁听得一头雾水，不过他知道尼克松非常满意。

"艾伦给尼克松留下了很好的印象。尼克松一般不太喜欢大肆夸奖一个人，但这一次，他说，这个人非常聪明，讲起经济来头头是道。这样的人我们要加以重用。"加门特回忆道。

作为一名兰德无政府主义思想的信徒，和一位信奉自由经济的经济学家，格林斯潘对尼克松发出的邀请有些犹豫，而且那次会谈，尼克松也给他留下了一点不太好的印象。格林斯潘在会谈中提及自己1966年发表在《客观主义者》杂志上的那篇《黄金与自由经济》的文章，并表示对通货膨胀的隐忧时，尼克松很不以为然，他不知不觉又犯了第一次竞选时的老毛病，认为美国经济正运行在一条平稳的高速路上。他笑着拍拍格林斯潘的肩膀说："你太多虑了。"格林斯潘觉得自己的意见受到了轻视，备感失落。

政治是经济的上层表现，虽然格林斯潘对涉入它很有兴趣，但对于究竟要不要加入尼克松的竞选班子，他还是思考再三。格林斯潘广泛征求朋友们的意见，最后，他的老师伯恩斯和后来担任财政部长的威廉·西蒙告诉他："你可以发挥真正的作用。"格林斯潘这才下定决心暂时放下事务所的工作，前往华盛顿。

格林斯潘在安德森主持的一个政策小组里工作。这个政策小组实际上是总统竞选的智囊团，负责对一系列广泛的问题制定竞选策略。年仅32岁的安德森是哥伦比亚大学教授，和格林斯潘一样出自伯恩斯门下，与格林斯潘在此之前也相互认识，不过不是在哥伦比亚大学，而是在客观主义者的圈子里慢慢熟悉起来的。年轻的安德森交际广泛，后来，他又把格林斯潘介绍给了罗纳德·里根。

尼克松的竞选团队组建了很多专题小组，凡是能想到的专题几乎都设置了：犯罪、老年人问题、黑人问题、教育、色情、美国印第安人、校园骚乱……组建这些小组的目的是防止尼克松在竞选期间遇到有人问相关问题时卡壳。

格林斯潘对这些小组研究的大部分调研课题都算不上熟悉,但无论是教育改革、沼泽地的养护,还是越南战争,最终都无一不涉及经济,格林斯潘可以就此提供咨询意见。他常常将自己的意见写在文件的空白处,附上与此有关的统计数字。同时,他还密切关注尼克松的竞选对手汉弗莱对经济问题发表的看法,并将自己的反驳要点提供给尼克松。尼克松在参阅手下的政策班子为他准备的文件时,总是喜欢读格林斯潘的意见。"尼克松非常器重格林斯潘,对他在一系列政策问题上的看法极为重视。"安德森后来回忆说。

眼看大选日期渐渐逼近,格林斯潘又为尼克松汇编了一本书,里面详细地罗列了他在竞选期间评论过的所有问题,将尼克松的立场完整地向美国人民再一次陈述。尼克松最终赢得了大多数美国人的信任,成为第37任美国总统。

与白宫保持微妙距离

尼克松的成功当选有格林斯潘的一部分功劳,但当尼克松总统邀请他出任新政府的预算局局长时,格林斯潘婉言拒绝了。尼克松又考虑让他执掌财政部或经济顾问委员会,格林斯潘还是予以回绝。格林斯潘推辞说,他想全力经营自己的公司,汤森-格林斯潘事务所人手不多,缺了他生意会受到影响。

事实上,格林斯潘在竞选期间因为与尼克松接触较多,了解他之后,对他产生了一些不好的印象。他在1974年的一次采访中回忆说:"我与尼克松的关系从来都没有真正融洽过。我不想留在华盛顿的主要原因是,我不知道将来会与尼克松形成一种什么样的关系……我积极地参加了1968年的总统竞选,竞选班子里几位重要的人里面,没有去华盛顿的似乎只有我一个。我之所以没有加入总统内阁,是因为我和尼克松在一起的时候感觉不太舒服。其实大多数知识分子——比如像伯恩斯和哈洛这样的人和他在一起时都有这种不舒服的感觉。这其中的原因说起来有点让人哭笑不得:尼克松这个人似乎有点自卑,总是觉得自己在智力上不如他人。我一直认为，在威尔逊之后的美国历任总统中，尼克松恐怕是智商最高的一个，他的思想有时候相当深邃，我曾亲身感受到这一点。可他的这种心态让人很难与他相处。"

格林斯潘有着敏锐的感觉，事实确是如此，尼克松早年在政坛一直不得意，太多的失败让他饱受讽刺和挖苦，内心深处有一种说不出的自卑感，虽然他最终登上了总统的宝座，但这种自卑感仍会时时作祟。这一点，尼克松的国务卿基辛格也曾在他的回忆录中提到过。

虽然格林斯潘谢绝了尼克松的邀请，但他还是先后担任了一些无足轻重的委员会——如经济增长专题小组、金融结构与管理委员会——的委员，与尼克松政府保持着若即若离的联系。格林斯潘就是这样，他永远不会把一扇门完全关上。

在这些委员会中，盖茨委员会（正式名称是全志愿兵武装部队总统委员会）值得一提。该委员会负责审核军队对志愿兵的征募工作，格林斯潘在这个委员会中起到了重要的作用，同时也和一位经济学巨擘——弗里德曼结下了友谊。

米尔顿·弗里德曼以研究宏观经济学、微观经济学、经济史、统计学而闻名，1976年获得诺贝尔经济学奖。弗里德曼一向主张自由放任的资本主义，提倡将政府的角色最小化，强调自由市场经济的优点，反对政府干预。他的理论对1980年开始的美国以及许多其他国家的经济政策都有极大影响。与格林斯潘相同的是，弗里德曼也出自伯恩斯的门下。

组建盖茨委员会是出于尼克松的意愿。他在竞选期间，提出废除征兵制，实行全志愿兵制，当时随着美国在越南战争中的卷入逐步升级，实行征兵制还是志愿兵制是个非常热门的话题。成为总统后，他让安德森挑选一批人组成一个委员会，专门研究这个争议极大的问题。委员会由15人组成，其中5人赞成志愿兵制、5人反对、5人持中间立场，主席由前国防部长盖茨担任。

格林斯潘和弗里德曼两人主要从经济的角度参与委员会的讨论,他们俩对志愿兵制持赞同意见。两人的看法非常接近,但脾气秉性却大不一样。格林斯潘不是一个理论家,他非常注重现实,而且从来不会与人争吵,格林斯潘的力量恰恰来自于他吸收不同乃至对立观点的能力;弗里德曼则是个彻底的改革派,他个头不高,但好与人争论,而且直言不讳,不像格林斯潘那样善于与现实政治妥协。

弗里德曼在盖茨委员会里坚决反对征兵制,他认为征兵制既不道德,又违背了合理的经济准则。或者说,征兵制是一种没有代表权的税制,政府通过征兵制强迫年轻人放弃事业,而接受军队的较低待遇。更糟糕的是,少数族裔和大学辍学学生——那些最没有能力保护自己的人——在应征入伍的人数中占了很高的比例。

两位经济专家在委员会里的合作堪称天衣无缝,弗里德曼负责与反对派们唇枪舌剑,将对手打得体无完肤,格林斯潘则负责在听取各方观点后,找出问题的关键。此前五角大楼曾经作过研究并得出结论,完全实行志愿兵制可能每年需要增加50亿~170亿美元的开支,这一巨额支出显然超出了政府的承受能力。格林斯潘和弗里德曼要推翻这一结论,就必须提出一个有说服力的、较低的数字,证明志愿兵制不会过于昂贵。

经过反复推算,格林斯潘最终得出结论,完全实行志愿兵制,每年政府预算只可能会增加20亿~40亿美元,证明结束征兵制在经济上是可行的,从根本上摧垮了军方要求坚持征兵制的经济依据。

赞成征兵制一派的另一点忧虑是,实行志愿兵制意味着会有一支由清一色黑人组成的军队。目前应征入伍的人中,少数族裔已经占了相当大的比重。维斯特摩兰将军在盖茨委员会作证时称,他不愿指挥一支雇佣军。

弗里德曼反驳说:"将军,难道你更愿意指挥一支奴隶军队?"

维斯特摩兰从未遇到过对他如此尖刻无礼的人，他在椅子上挺直了腰板答复说："我不想听到有人把爱国的应征入伍士兵称之为奴隶。"

弗里德曼再一次反驳道："我不想听到有人把爱国的志愿兵称之为雇佣军。如果他们是雇佣军的话，那么将军阁下，我就是一位雇佣教授，而你就是一位雇佣将军。我们都找雇佣医生看病，都用雇佣律师，都从雇佣肉商那里买肉。"

维斯特摩兰张口结舌，无言以对。

赫比茨当时是盖茨委员会里的青年代表，他回忆道："弗里德曼说话滴水不漏，而且犀利无比，常常因此而惹怒别人。艾伦则不同，听他讲话不会有不舒服的感觉。他阐述自己的观点时不带任何感情色彩，这一点很重要。当时需要有人能心平气和地讲道理，从而消除各方之间的分歧。"

1970年2月20日，盖茨委员会向总统提交报告，全体委员一致同意结束征兵制。1973年1月23日，美国正式废止了征兵制。与格林斯潘一起共事的这段日子给弗里德曼留下了美好的记忆，他不仅为自己在委员会里所取得的成绩感到自豪，也对格林斯潘做了很高的评价，他说："在委员会工作期间，格林斯潘好似中流砥柱。"

反对尼克松政府的经济政策

20世纪70年代初,年近50的格林斯潘悠然自得地游走在两个世界之间。他继续发展汤森-格林斯潘事务所的事业,与华尔街的富翁们交好,同时作为经济顾问委员会的一员,也可以自由出入白宫,并在形形色色的总统委员会里担任职务。他在政界的朋友越来越多,其中包括原约翰逊总统的经济顾问奥托·艾克斯坦、前经济顾问委员会主席沃特尔·海勒、后来在里根政府担任经济顾问委员会主席的贝里·斯普林柯尔等。把国家政策交给经济专家们的趋势已经越来越明显,圈内熟人沿着彼此相互搭建的阶梯往上爬,已是一条潜规则,这些官员们以后无一不对格林斯潘给予了帮助,反之亦然。

格林斯潘会支持尼克松政府的一些举措,但同样也批评政府的另一些政策。他常常在《纽约时报》《时代》周刊以及汤森-格林斯潘事务所出版的《汤森简讯》上发表自己的意见。

1971年,尼克松政府为给尼克松连任造势,发布了经济情况良好的预测,预估当年的国民生产总值为1.065万亿美元。格林斯潘认为这一数字太过乐观。麻省理工学院的教授萨缪尔森与他持同样的观点。萨缪尔森是一位著名的经济学大师,他1948年出版的《经济学》是全世界最畅销的经济学教科书,以40多种语言在全球销售。1970年,他刚刚被授予诺贝尔经济学奖,在经济学界风头正健。

两人一起在国会联合经济委员会上作证。萨缪尔森的发言极其尖刻,他称尼克松估算的国民生产总值数字是"天方夜谭",是"一场喜剧",政府得出这一数字的方式与卡斯特罗对古巴甘蔗产量作出的夸大预测一样滑稽可笑。

与舌利如枪的萨缪尔森相比,格林斯潘的发言就温和多了,他习惯于不触怒任何人。面对联合经济委员会的成员,格林斯潘模棱两可地指出政府的预测有误,他自己估算的国民生产总值比政府公布的数字低200亿美元。事实是1971年,美国的国民生产总值比格林斯潘所说的数字低得多,连1万亿美元也没有达到。

1971年6月,格林斯潘和律师拉尔夫·纳德出席了参议院的银行与货币委员会的听证会,反对政府贷款给洛克希德公司。洛克希德公司要求政府提供2.5亿美元的贷款,以保证公司L-1011三星型客机的研制,借此增强与麦道公司的DC-10型客机的竞争力。格林斯潘和纳德反对政府出面帮助洛克希德公司,认为这样做有可能会使企业丧失通过竞争扭亏为盈的动力,最终完全躺在政府身上。格林斯潘在《纽约时报》上撰文道:"如果由联邦政府来筛选哪家企业应该破产或不应该破产的话,受到政府补贴的一定会是某一行业里效率最低的那一家。"而纳德则认为,政府贷款给洛克希德公司对消费者不利,消费者最终不得不购买靠政府扶持的公司的产品。

格林斯潘对尼克松政府最尖锐的批评是对工资和价格的控制。

1971年时,美国的通货膨胀率在5%左右,这一比率其实并不算高,但它是一个不好的苗头,表明20世纪60年代极低的通货膨胀率已经结束,足以引起政府的警觉。当时,由于原材料成本逐渐上升,美国公司被迫提高制成品的价格,工人于是要求增加工资以抵消价格的上涨。增加工资必然会再次提高公司的运营成本,周而复始的结果是美国经济陷入恶性循环。

此时尼克松正在筹划连任,他担心如果经济上出了问题,会严重干扰他的连任计划,于是出台了一个新的经济政策。该政策的要点之一是立即冻结工资和价格,为期90天。这像又回到第二次世界大战时期一样,政府接管了经济。尼克松认为,只有这样才能避免所谓的由成本带动的通货膨胀。

这一举动立即遭到了经济专家和熟悉经济事务的人的批评。弗里德曼说冻结政策是"过去40年来历届美国总统在经济政策上所犯的最严重的错误"。格林斯潘在《纽约时报》的一篇文章中也质问道:"10年前,我们还信奉那个认为连政府对经济进行一些细微调整都是不妥之举的政治理念,而现在连爆米花的价格都要由政府来定了。我们究竟是怎么走到这一步的?"

不管有多少批评,尼克松为了达到自己的政治目的,仍坚持实施了他的计划。90天后,政府公布统计数字,牙膏价格的年增长率仅为1%,电视机为0.3%,男人的理发费为0.45%,通货膨胀受到了抑制。这看起来确实鼓舞人心,冻结随后又延长至第二期、第三期和第四期,对包罗万象的价格实施管制——从职业橄榄球运动员的工资到大米和布丁的价格。最后,肉类加工商们不得不把牛肉运到加拿大,重新包装后再"进口"到美国,以绕过政府的规定。

反对的呼声越来越高,迫使尼克松政府不得不设法一步步从价格管制体系中脱身出来。它放开了经济生活中某些价格,但同时仍然努力维持对其他价格的控制，于是就形成了经济扭曲：1973年6月，得克萨斯州的一家家禽孵化场把4.3万只雏鸡扔到灌满了水的水桶里淹死。因为粮食饲料的价格放开后猛升，而鸡的价格仍然被冻结，淹死这些雏鸡比饲养它们在经济上更合算。这一奇闻表明了控制工资和价格的做法是多么的愚蠢。

到1974年4月，除了国产石油外，所有价格都一律放开了，但管制已经造成了恶果：放开价格后引发了高达两位数的通货膨胀。

华盛顿的规则

12%的通货膨胀让尼克松慌了手脚,他不得不请格林斯潘出山,担任经济顾问委员会主席这一重要职务。

总统经济顾问委员会(简称"经顾委")这一机构,最早在1946年由杜鲁门总统决定成立,它不在行政系统之内,也不负责管理具体的事务,只专门从宏观层面研究与预测整个国家经济的趋势,就经济政策向总统提供咨询。它负责在备忘录中解释政府各部门提供的种种数字的涵义,就经济状况提出一份年度报告,供总统和国会借鉴。它实质上是一个微型的智囊团,共有3人,一般都由有建树的经济学家担任,由总统提名,参议院批准。除了3位委员外,还有数名经济学家参与委员会的工作。

经济顾问委员会主席可以说是总统经济政策的总参谋长,还担任着总统经济政策发言人和协调者的角色。经顾委、财政部、行政管理和预算局、联邦储备委员会是负责制定美国经济政策的四大机构,合在一起构成了所谓的"四位一体",对美国的经济政策起决定性的作用。不过,美联储与其他三家机构比起来,与白宫的关系要相对独立得多。

经济顾问委员会主席这一职位虽然很重要，但也非常难当。他既要直接向总统提供咨询，又要做到不偏不倚，不能倾向于总统的党派利益，因而经常获得总统的不满。经顾委的第一任主席诺斯便招致了杜鲁门总统的反感。诺斯每次讲话都强调"一方面……另一方面……"，据说杜鲁门有一次忍无可忍，不耐烦道："我需要的是一位只讲一方面的经济学家！"

诺斯任期结束后，杜鲁门提名本党的凯塞林继任经顾委主席。凯塞林果然令杜鲁门十分满意，但国会却开始对他十分讨厌。为了表示不满，国会在1953年的财政年度只给经顾委拨了9个月的经费。

格林斯潘不愿意与任何人交恶，其中自然也包括尼克松总统和他的亲信，况且接受这一职务便意味着他要放弃现在每年30多万美元的年薪，改拿付给经顾委主席的4.25万美元，他还要把自己的事务所改为全托信托并委派副手主持事务所的业务，然后搬迁到华盛顿，天天与尼克松及其密友打交道，所以格林斯潘婉拒了。

尼克松并不放弃，他几乎动员了格林斯潘的所有朋友来轮番劝说，包括财政部长西蒙、经济问题发言人拉什等。白宫办公厅主任黑格甚至特地包租了一架飞机去与他面谈。

虽然劝他的人络绎不绝，但格林斯潘仍执意不肯入阁，最终说服格林斯潘的还是伯恩斯。他从爱国主义角度游说格林斯潘，暗指他有义务加入政府与通货膨胀做斗争。

格林斯潘最终接受了总统的邀请。他后来谈起这一决定时说："当不当经顾委主席对我个人来说并不重要，但却事关全局，为国效力是所有有能力的人应尽的义务。一个人一生中，需要为国家做出贡献的时候并不多。这就是一次。"

1974年8月，参议院对格林斯潘举行了两小时半的就职听证会。来自威斯康星州的议员普罗克斯迈尔对他详加盘问，言语犀利。普罗克斯迈尔说:"你以前曾公开反对过《保护消费者法》,认为它实际上并不符合消费者的利益?"

"是的,先生。"格林斯潘回答说。接着他阐述了自己的观点,他认为,即使没有《保护消费者法》,商家也有足够的理由诚实对待顾客。他说:"……市场上之所以会有优质产品,是因为优质的产品和良好的信誉符合商家的自身利益。"

格林斯潘的咨询事务所客户广泛,其中不乏全国最大的一些公司,普罗克斯迈尔怀疑他任经顾委主席后能否做到客观公正,还担心格林斯潘会把内部情报透露给自己的事务所,因此不厌其烦地反复盘问和试探格林斯潘。格林斯潘以他一贯彬彬有礼而冷静的风格应付自如。

听证会结束后,格林斯潘原定于9月1日上任,但尼克松却因为"水门事件"遭到了弹劾,被迫于8月8日宣布辞职,格林斯潘上任一事就暂时搁置了起来。

杰拉尔德·福特接任美国第38任总统后,继续提名格林斯潘任经济顾问委员会主席。在这件事上,格林斯潘与尼克松团队保持的若即若离的关系成了一个非常有利的因素,因为福特此刻正在竭力调整到处都是尼克松熟人的政府。

格林斯潘不得不再去参议院进行一次听证。8月19日,参议院以无记名投票的方式批准了格林斯潘任经顾委主席一职。与他搭档的是大名鼎鼎的经济学家弗里德曼和舒尔茨,二人都曾获得过诺贝尔经济学奖。

病急乱投医的福特总统

举行过就职仪式后,格林斯潘进驻白宫旁边的旧政府大楼内的办公室,开始了他棘手的经顾委主席工作。

福特继承了尼克松政府遗留下来的经济难题:通货膨胀率高达12%,失业率也增长到8.2%,国民生产总值增长率则下降为9%。经济衰退,同时物价上涨,福特政府面临通货膨胀和失业同时螺旋形上升的"滞涨"局面。自第二次世界大战结束后,美国还没有哪一任总统在如此糟糕的局面下接班。

福特忧心如焚,他不止一次把通货膨胀称之为"美国的头号公敌"。为此,政府举行了一系列的会议,讨论农业、住房、交通和金融等议题,请来自不同行业的专家对如何抑制通货膨胀献计献策。

格林斯潘却认为,当前需要做的是停止"对经济的过时的束缚",放松管制,同时对美联储施加压力,迫使它放松银根拉动经济,这样,企业间的竞争会导致价格下降,从而有助于抑制通货膨胀。他认为,政府应该停止在短期财政微调上所做的尝试,恢复制度的稳定性。他建议福特采用一种长短结合的办法，逐渐使经济状况得到扭转。然而这是一种短期内见不到成效的措施，很难使经济立即振兴，福特总统等不及了，他派格林斯潘代表政府参加经济研讨会议，看看能不能找到一个更快的办法。

在1974年9月19日召开的一次会议上，格林斯潘出了一个大纰漏。

与会代表措词激烈，抨击政府的政策只照顾富裕的银行家，而没有照顾穷人。格林斯潘不加思考地反驳说，人人都是通货膨胀的受害者，但若按收入来计算的话，显然是华尔街的经纪人收入下降得最多。

这番话顿时惹起了一场轩然大波，舆论指责格林斯潘"缺乏对贫穷人的体恤"。格林斯潘意识到自己说走了嘴，很快道歉道："很显然，穷人的日子更难过。"

对格林斯潘来说，这也许是他有生以来最严重的一次失误。它暴露了他性格中不招人喜欢的一面，即只抠数字、不通人情的那一面。从这场风波中，格林斯潘也得到了教训，从此说话更加小心谨慎、模棱两可。

1974年9月27日，专门讨论通货膨胀的大型高峰会议在华盛顿召开。每一位与会者都急迫地想要解决问题，以至于连白宫的牧师也在开幕式上祈祷说："无论有多少分歧，愿我们同心同力，为同一个目标而为国效力。愿我们不仅有办法对付通货膨胀．而且可以控制它；不仅可以控制它，而且还可以彻底驾驭它。阿门！"

尽管这次会议热闹非凡，但最终没有取得什么成果。经济学家费德勒回忆道："会议没有提出任何新的观点，没有任何突破，也没有达成任何共识，可以说是一无所获。"

福特政府决定压缩政府预算，减少开支，并以紧缩的货币政策支持治理通货膨胀。这些政策虽然大获民心，但很快便因经济的加速下滑而变得不切实际。福特又试图采取折中方案，在征税和援助困难的企业和个人之间寻求平衡，但毫无效果，经济情况继续恶化。

于是福特又开始寄希望于民众，希望能通过人们的自觉行动来抑制通货膨胀，如买东西时货比三家、节约使用能源等。他建议人们自己种菜，他与妻子准备多吃清炖的东西并号召其他美国人也这样做，还建议大家合用一辆车、关掉不用的灯、冬天室内温度保持在华氏 68 度。

福特发起的最可笑的一个运动是"WIN"运动，号召人们戴上一个印有 WIN 字样的小圆徽章。WIN 既有"赢"的意思，又是"现在就消灭通货膨胀（Whip Inflation Now）"几个字母的缩写。该徽章最初的设计采用体现爱国情调的红、白、蓝三色，后来考虑到从通货膨胀的角度看两色比三色更省钱，最终改为红底白字。1974 年的秋天，美国政府印制了数百万的 WIN 徽章。

刚刚经过口误风波的格林斯潘并没有参与这一阶段福特政府的经济决策。他在日后谈及 WIN 运动时表示："根本就不该推行这一计划，它简直是在帮倒忙。这一计划恐怕是福特政府作出的最糟糕的经济决策。"

经济每况愈下，比通货膨胀更糟糕的是陷入衰退。由于物价飞涨，人们开始精打细算，减少开支，消费需求的疲软导致企业被迫减产。1974 年秋天，工业产量下降了将近 10%，这是自 1937 年以来跌幅最大的一次。各企业开始解雇职工，通用汽车公司的 44 万蓝领职工中，三分之一被解雇；福特汽车公司宣布关闭 22 家工厂，导致一半的员工失业。社会上人心惶惶，担心会出现大萧条，人们对经济的信心严重动摇。

刺激经济的呼声日高。格林斯潘也向总统提出了刺激性减税的方案。这对他来说，是个令人吃惊的转变。曾在格林斯潘手下工作过的蒙罗说："人人都知道，格林斯潘是个不赞成对经济进行微调的共和党人，不过他遇事喜欢动脑子仔细思考。他当时认为，需要给经济注入一点肾上腺素。"格林斯潘是一个讲求实际的人，尽管这样做意味着他必须违背信仰，他也重证据甚于重教条。

福特总统在1975年的国情咨文中提议减税160亿美元。没想到国会提出的减税数额比他建议的还要高。1975年3月，国会向总统提交了一个减税228亿美元的法案，该法案有可能葬送政府预算，导致通货膨胀进一步恶化。福特总统身边的人就要不要否决这一法案吵得不可开交，美联储主席伯恩斯和财政部长西蒙认为应该否决国会的法案，但格林斯潘建议福特签署减税法案。

最终福特采纳了格林斯潘的意见，签署了这项减税法案。1975年夏，经济开始显露出复苏的迹象。

化解粮食危机

来之不易的复苏步履蹒跚,哪怕最微不足道的一个意外事件都有可能再次把经济搞坏。

1975年夏天,中央情报局的一位特工向经济顾问委员会通报了三则消息:卫星照片显示,苏联今年的粮食作物长势极差;苏联人正在苏黎士抛售黄金;他们同时还在鹿特丹预定货轮舱位。格林斯潘听后立即通过电话与外国官员和美国的粮食批发商取得联系,以了解每一笔粮食交易的内容。美国害怕苏联满世界抢购粮食会再次引发国内的通货膨胀。

经顾委将通过各种渠道得到的消息汇总,经过分析后认为,苏联在国际上采购粮食对美国的通货膨胀影响不大,便未加理会。没想到到了8月份,一场大旱严重威胁美国的玉米作物。福特政府不敢掉以轻心,赶紧宣布粮食禁运,在美国农作物收获前,不得对苏联出售粮食。

这一政策使法国、阿根廷和巴西等国家有了投机的空间,他们从美国购粮,再转手卖给苏联。美国农场主得知这一消息后怒不可遏,认为政府断了他们的财路,码头工人们也闹了起来,要求从美国购买的粮食至少一半要用美国的货船运。一时间，不同的政府部门搅到了一起，争吵不休。

经顾委在这一事件期间始终坚持同一立场：禁运从长远来看不是一个好办法，不管怎么样，苏联人毕竟随时可以从世界其他地方购买粮食。格林斯潘建议，美苏两国之间应该建立一个正常的粮食贸易渠道。苏联人可以每年从美国购买一定数额的粮食并告诉美国他们粮食的预计产量，倘若美国事先知道苏联粮食会歉收，就可以为此做好充分准备，苏联也就没必要在最后关头到国际市场上大量买粮。

10月，福特总统通过国务卿基辛格与苏联的官员斡旋，参照格林斯潘的建议与苏联领导人达成协议，苏联获准除已买的1030万吨的粮食外，再购买700万吨，而美国则取消粮食禁运。苏联还答应，今后5年里每年从美国购买至少600万吨粮食。如果他们的需求有可能超过这一数额，将事先通知美国。

国务卿基辛格在此次事件中再一次完美展现了他作为外交家的风采。亨利·基辛格原是德国人，很小的时候流亡到美国，一家人就住在离格林斯潘家不远的地方，基辛格也刚巧就读于格林斯潘就读过的乔治·华盛顿中学，只不过比格林斯潘高了两个年级。基辛格在尼克松执政时期进入政府工作，1971年秘密访华，为中美建立外交关系奠定了良好基础。1973年，基辛格帮助尼克松圆满完成结束越南战争的谈判，因此获得了当年的诺贝尔和平奖。

基辛格被称作"政府里的花花公子"。他身边常常簇拥着玛萝·托马斯、利芙·厄尔曼、坎迪丝·伯根和吉儿·圣约翰等一帮好莱坞女演员。基辛格对此直言不讳地说："权力是最好的催情剂。"

政坛上，念念不忘自我的人、喜欢出风头的人、善于演戏的人和拍着马屁往上爬的人比比皆是，而格林斯潘与他们不同，他始终以"同情关怀他人的方式"在经济顾问委员会主席的位置上履行自己的职责。约瑟夫·克拉夫特说:"格林斯潘不以自我为中心,不关注大男子气概,凡事都突出讨论的主题,和他一起工作过的每一个人都被他的这种工作作风所吸引。几乎没有人无法和他一起工作,因为他从不矫揉造作。"

正是因为他看上去与世无争,格林斯潘才能够控制经济顾问委员会职权范围以外的形势。在此次与苏联的谷物交易中,国务院、财政部和农业部是负责这项交易谈判的三个部门。国务卿亨利·基辛格、财政部长威廉·西蒙和农业部长厄尔·布茨都是刚愎自用的人,而格林斯潘则巧妙地扮演了一个协调的角色。

在处理这场危机的过程中,格林斯潘与他的学长基辛格也成了朋友。基辛格说:"我非常尊重格林斯潘。他的最大的优点是敬业,喜欢讨论具体问题而不玩弄政治。"

纽约破产风波

粮食抢购风波刚刚过去,纽约又陷入了危机。纽约市市长亚伯拉罕·比姆向联邦政府求救:再不出手相助,纽约市就快要破产了。

纽约市濒临破产的原因之一在于庞大的财政开支。纽约市政府拥有一支33.8万人的庞大公务员队伍——几乎每23个市民中就有一名公务员;同时,每8个市民中就有1人依赖政府救济,全市每年的救济金超过20亿美元。与此同时,纽约市的税基却在逐年收缩,公司、企业和富豪的数量日渐减少。20世纪60年代,《财富》杂志列出的500家大公司中,总部设在纽约的有150家左右;到1974年底,这一数字降为98家。纽约市的资产负债状况因此严重失衡:开支每年递增15%,而税收只增加8%。

纽约市的财政会计也存在很大的问题,比如退休基金,1967至1975年产生了近20亿美元的亏空,其原因竟然是,该基金的资金一直参照1908至1914年的计算结果拨出,那时人们的寿命要短许多,纽约市的会计师竟从未想过更新一下统计数字。

由于这一系列的问题,纽约市入不敷出,市政府为了支撑下去,不得不在会计上做手脚，寅吃卯粮，将下一年度的财政收入计入当年的预算中。1974年财政年度编制的预算计入了公共供水系统18个月的收入，结果就是到1975年财政年度时，公共供水系统只剩下6个月的收入了。

纽约市试图发行债券以填补财政窟窿，但它偷偷在财会上做手脚的行为严重损害了它的信誉。1975年，穆迪氏和标准普尔两家评估机构都将纽约市的债券降级为没人要。为了摆脱这一困境，纽约市成立了一个城市援助公司，推出一种新的债券，用以恢复投资人的信心。该债券不由纽约市，而是改由投资银行发行，并且有一笔单独的资金做担保，与纽约市的预算无关，因而不会受其影响。

尽管如此，纽约市仍筹集不到足够的资金，不得不压缩财政开支。纽约市关闭了43所公立中小学，又解雇了6万余名全职或兼职的政府雇员，那些侥幸保住自己饭碗的人，工资和福利也被大大削减。

这下子可惹怒了公众。愤怒的清洁工人举行了罢工，上万吨垃圾在烈日炎炎的太阳下堆积如山；被解雇的警察也聚集到火车站、机场、港务局和长途汽车站等地方，向来往行人发放题为"恐怖城"的传单；游客们被告知他们即将踏入一个既缺少警察、又无力提供医疗急救服务的破落城市，是死是活全得靠他们自己，游客们闻言无不惊慌失措。

随着时间一天天地过去，纽约市破产的可能性愈来愈大。由各方人士组成的游说团蜂拥到华盛顿，请求联邦政府出钱帮助这座美国最大的城市渡过难关。这让福特政府进退两难，眼睁睁看着纽约市破产不是什么好办法，更糟糕的是，纽约破产可能会引发连锁反应，使其他城市、纽约州、华尔街乃至全美国的金融体系陷入混乱，刚刚起步的经济复苏将再次受到威胁；但搭救纽约市又会开创一个危险的先例——救了纽约，克利夫兰、纽瓦克和底特律必然也有样学样，借机向联邦政府施压。福特政府内阁的一致观点是，拯救纽约最好的办法便是不要对它心慈手软。出钱相助将使纽约市彻底沦为一个庞大的领取救济者，而拒绝它的要求反而有可能迫使它自力更生。福特的新闻秘书内森把纽约比作是一个染上毒瘾的孩子。他说："你不会每天给她100美元供她吸毒，你会让她马上戒掉毒瘾。"

在一众联邦政府官员中，财政部长西蒙的立场尤为坚定。他在进入政府前曾在纽约所罗门兄弟投资公司担任过职务，知道债券是怎么回事，对纽约市理财不当的行为难以容忍，财政部长一职也要求他做一只一毛不拔的铁公鸡。

1975年10月下旬，福特在全国新闻俱乐部发表演讲，发誓要否决任何解救纽约的法案。

可是纽约市的处境越来越糟，政府不得不认真研究纽约市一旦破产后，将会引发的经济灾难的规模和范围。11月份，纽约州州长凯里列出了一个不可缺少项目开支表，头一项就是犯人需要的食物和药品，如果犯人的需要得不到满足，有可能致使社会陷入动荡，那么"恐怖城"传单上的预言就会变成现实；列在清单上的还有警察的工资以及抚养孩子的妇女的救济金。

经顾委对这份清单做了仔细分析，认为这些担忧有些言过其实。格林斯潘在一份备忘录中写道："虽然出现了一些险情，但大多不在纽约地区。即使纽约市破产，全国其他地区的经济也不会受到什么严重影响。"在是否帮助纽约市的问题上，格林斯潘的态度没有其他人那么坚决。曼哈顿是他的故乡，那里有他的亲人和好友，至今他还在纽约留有一套房子。但是，格林斯潘也不赞成联邦政府直接介入。曾担任过福特总统的经济顾问的塞德曼回忆说："我的感觉是，格林斯潘基本上不算是强硬派，他比其他一些人更同情纽约。不过我们都奉劝纽约，'上帝只拯救那些自救的人'。我们的基本观点是，除非你自助，否则没人助你。"

最终格林斯潘还是助了纽约一臂之力，帮助它与白宫达成了一项救援协议：联邦政府不是简单地给纽约市长一笔钱，而是提供一笔有利息的贷款，每年贷给纽约市的金额为23亿美元，一直贷到1978年为止。纽约市必须偿还这笔贷款，利息大约是8%，比美国财政部的贷款利息高出一个百分点。

1999年，福特总统在接受电话采访时回忆说："这个方案主要是格林斯潘想出来的。纽约市长本来期待联邦政府提供紧急现金援助，根本不想采取措施改革纽约市的退休金计划或工资制度；格林斯潘帮助制定了一项全面的计划，既解决了问题，又无需联邦政府提供紧急援助。"即使在今天看来，这一方案也堪称完美，尽显格林斯潘在经济和政治上的才能。

1975年，《商业周刊》指出，"格林斯潘因能与几乎每一个人友好相处而闻名，包括那些与他也许有严重分歧的人……这种个人魅力和扎实的分析技能的结合"使他有能力让"总统倾听他的意见，（并可能）得到总统的信任"。福特担任副总统时的高级助手L.威廉·塞德曼也许最能理解这种奇怪的活力——格林斯潘既是冷漠超然的，又是热情友好的："他是我见过的最同情关怀他人的人，他不仅一点也没有对抗性，而且还非常善于说服别人。我想，他的神秘感部分是由于他难以理解，但这也给了他某种天赋过人的一面。"在格林斯潘担任经济顾问委员会主席之前，塞德曼采访了他："他向我保证，他纯粹是一名经济学家，而不是一名政治家。事后证明，他比我们想象中的政治家还要优秀。"

功败垂成

美国经济在跌跌撞撞中进入1976年——这一年是美国建国200周年，同时也是一个大选年——经济在年初现出复苏的苗头，道琼斯指数接近1000点，亏损严重的美国公司开始重新盈利，头一个季度，公司利润比1975年上涨了将近45%。

在这样的背景下，福特总统和他的经济顾问们提出了新的"经济振兴方案"，主要有三条：以160亿美元的减税缓和衰退进度；以增税缓解能源危机；以中度的预算紧缩使持续的通货膨胀降温。经济衰退开始放缓，正如格林斯潘所预言的那样，5月份到了谷底；7月，经济开始回升。到1976年第三季度，GNP（国民生产总值）增长13.4%，这是25年来的最大季度增长率，同时，失业率和通货膨胀率也下降了。斯坦在他的《总统经济学》一书中写道："1976年，美国人民享受到最好的经济环境，就像通常在经济复苏初期所经历的情况。"

福特总统对格林斯潘的能力十分赞赏。他在回忆录中写道："对于一个大部分时间都关在象牙塔里、坐在书桌边，对经济趋势进行统计和预测的人来说，格林斯潘在把握公众意见方面具有不可思议的本领。他确信广大美国人民对通货膨胀比对失业问题更关心。格林斯潘知道，人民在内心深处，对国会山上那些要他们掏钱的'联邦计划'是心存不满的。当我们不得不准备增加经费或者促进什么计划的时候，当他觉得我可能会受到政治因素影响的时候，总是提醒我：别出钱。他一般都能说服我，因为他是对的。"

也有人认为，导致福特总统竞选连任失败的，可能正是格林斯潘的一些决策。当1976年通货膨胀率降低时，格林斯潘认为经济会很快进行自我调节，故而建议福特总统"无为而治"，不要再采取进一步的行动。这一"不作为"给公众留下了福特缺少经济领导能力的印象。

时任佐治亚州州长的卡特，紧紧抓住经济复苏缓慢这一问题大做文章。卡特说，如果他当选为美国总统，一定提振经济，减少失业，具体措施包括兴建公共工程项目、扩大就业咨询服务，以及组建一个类似大萧条时代的公共资源保护队似的机构等。

在经济问题上，卡特很快树立了一个与福特截然不同的形象。他主张政府应该慷慨解囊，寻求富有想象力的办法使美国走出困境。卡特的竞选团队嘲讽福特治理经济的办法就是"少花钱，少干预，少幻想"。

大选日期越来越近，福特政府得到的消息令人不安：失业率再次回升，5月份时是7.3%，到了8月份上涨到7.9%。政府被迫承认，1976年失业率不大可能降到7%以下。

格林斯潘解释说，这是经济复苏过程中的正常现象，经济通常不是以一条平缓笔直的直线走出衰退，而是以涨伏交替的方式走向复苏。他把眼下的阶段称之为"间歇"。新闻界马上抓住它大加炒作，人们对这个词议论纷纷。讲话慢条斯理、惯于转弯抹角的格林斯潘善于使用能激发普通百姓想象力的词语，这种本事非常的不同寻常，最著名的一个词是他在任美联储主席时创造的"非理性狂热"。

无论是叫"间歇"还是别的什么，对正在忙于竞选连任的福特总统来说，都是个不祥的消息。根据经顾委的估计，这次间歇要持续一个秋天，直到年底左右才会结束，而大选是在11月举行。由于1974至1975年美国经济陷入严重的衰退，加之随后的经济复苏乏力，福特获胜的希望受到致命的一击，他勉强地赢得了共和党的提名，以1187票对1070票的微弱多数打败了加州州长里根，步履蹒跚地走向大选。

1976年11月2日，卡特赢得了297张选举团的选票，在大选中获胜，成为美国第39任总统。

格林斯潘作为福特总统的经济政策顾问，其表现众说纷纭。作为经顾委主席，格林斯潘的工作无所不及，从挽救濒于破产的纽约市，到制定罗斯福新政式的《创造就业法案》，经顾委主席的工作范围涉及经济的每个领域，但只限于一种咨询的作用。相比较而言，虽然美联储主席能用的杠杆就那么几个，却能决定千家万户是买新鞋穿还是继续穿旧鞋。

批评格林斯潘的人说，他的忠告乏味至极，反反复复地只重复一个调子：不要干预，不要干预，不要干预。只有1975年的减税是个例外。不错，无为而治反映了他与福特总统的坚定信念，但人们认为，这种对策毫无新意。身为总统顾问，他为什么不能在这个国家正处于滞涨的非常时期提出一些新观点？

另一些人却认为，格林斯潘不过是走在了同一时代人的前面。1994年，小政府的理念以汹涌澎湃之势卷土重来，最终成为90年代最重要的经济管理方针。那时，格林斯潘已坐上了美联储主席的宝座。在这一位置上，他更自如地推行自己信奉的原则。尽管迫于经济趋势，他也曾提高过利率，但与历届美联储主席相比，他更倾向于对经济管理采取一种粗放的方式。

1977年1月20日，卡特总统宣誓就职。就在同一天，卸掉总统经济顾问委员会主席职务的格林斯潘，搭乘华盛顿至纽约的定期航班返回了他的事务所。

第四章
执掌美联储

进入政坛之后，格林斯潘展示出了自己身上更多的才华，人们逐渐意识到，格林斯潘不仅是一个经济学家，而且是一个懂政治的经济学家。于是，格林斯潘在华盛顿步步高升，直到1987年8月，里根总统宣布了那个震惊世界的消息——格林斯潘被任命为美联储主席。美联储就是美国的"央行"，执掌着美国的经济走向。在此之前，格林斯潘从未在美联储工作过，他是个外人，所以里根总统的决定才会令人震惊，更令人意想不到的是，格林斯潘会在这个位子上一坐就是18年。

广交人脉

虽然格林斯潘在福特总统退位后的第一时间便离开了华盛顿,但这并不表示他从此要远离政治,恰恰相反,在经济顾问委员会两年多的兼职经历,为格林斯潘打开了另一扇事业之门。

格林斯潘在经顾委主席的位置上表现优秀,他和他的朋友们都相信,他能够在政治上有更大一番作为。

在左右美国经济的"四人会"(财政部长、美联储主席、联邦预算局局长和经顾委主席)中,经顾委主席往往是最不重要的一个,因为经顾委毕竟只是一个提供决策参考的非正式机构,然而格林斯潘却成功地在这个位置上成为了福特总统的心腹,其专业能力和政治手腕是令人钦佩的。

1974至1975年间,美国国内的经济形势一团糟。福特为此专门成立了一个经济政策委员会,负责协调农业部、交通部和预算局等各部门的反滞涨工作。经济政策委员会的成员都是政府要员,而格林斯潘则是其中唯一的一名经济学家,他的意见因而特别有分量。福特很倚重他,每次征询过大家的意见后会说"再听听格林斯潘的意见",然后才对重大问题拍板。

福特说："我感到很幸运，有格林斯潘这样既能干、我又信得过的人做顾问。我很信任他，他对我的决策显然也很支持，我俩配合得简直天衣无缝。"

格林斯潘除了高超的经济水平外，还有其他一些禀性，如不苟言笑，谨言慎行，守口如瓶，待人接物从不张扬，这些特点令人对他备感信任。格林斯潘原本就是一位顶级的经济咨询专家，在白宫，他以专业的能力和服务态度赢得了总统——这位全美国最有权势的"客户"的心。格林斯潘与福特关系十分融洽，在他们共事的两年多时间里，美国经济直线下跌，国会里的民主党人闹翻了天，内阁成员之间也口角不断，美国公众怨气冲天，但温文尔雅的格林斯潘和福特彼此间却从未红过脸。

格林斯潘也非常善于应对民主党占多数的国会，这一点十分了不起。民主党的议员们与格林斯潘的经济观点完全不同，他们个个摩拳擦掌，想通过干预经济减少失业，在经济复苏速度快慢问题上，他们势必要与福特总统发生冲突。

格林斯潘谦恭、随和的性格成了他与国会打交道时的一个有利武器。虽然他从来都是一个有坚定信念的人，但他在公开场合讨论问题时从不激动，总能够与政见不同的人友好相处。他的前妻米切尔回忆说："格林斯潘知道我非常不喜欢特德·肯尼迪，但他仍可以与肯尼迪保持友好关系……他能够理解我对汉弗莱心存疑虑，但他和汉弗莱相处融洽。他与许多政客的交情都很好……我觉得他是想尽力做好自己的工作，把与人搞好关系看作是工作的一部分。格林斯潘善于调和。我的意思不是说他会在原则问题上让步。他只是相信心平气和地讨论问题对大家来说只有好处，没有坏处。"

在福特政府任职期间，格林斯潘养成了在国会作证时含糊其辞、模棱两可的习惯——这一技巧在日后他任美联储主席时达到了炉火纯青的地步。国会要政府官员定期向议员们解释自己部门的工作，议员们要么冷不丁地发问，要么抓住某个细节没完没了地追问，大部分官员都为此而苦恼，而格林斯潘的巧妙对策就是避实就虚、避重就轻、顾左右而言他。他的同事舒荷尔回忆说："我们都喜欢去国会听格林斯潘作证。他的发言云山雾罩的，没人能听明白。"格林斯潘到国会作证前，常常事先把自己的发言在下属面前演练一番。迈卡沃说："格林斯潘在公开场合发表讲话前总是要先做些准备，他常常尽量用最冗长的方式去表达某个意思。"他随后又补充道，"那时他的技巧连现在的一半都不如。"

返回华尔街的格林斯潘仍密切关注华盛顿的动向。尽管卡特政府所采取的加大财政赤字拉动经济的做法有违他的小政府理念，而且迅速地导致了通货膨胀，但格林斯潘仍尽力找出卡特经济政策中的闪光点加以褒扬。

1979年，卡特总统发表了国情咨文，没有使美国人感到振奋，却遭到了共和党人的嘲笑。格林斯潘维护卡特说，"作为共和党人，我能想象"卡特的各项提议是"一个非同寻常的文件集合，也能轻松地出自共和党人之口"。一个新的大选之年又即将来临，卡特为了竞选连任，谋划组建一个两党制的内阁，这一点吸引了格林斯潘，他继续为卡特总统辩护道："如果福特先生在1976年获得竞选连任，他的经济政策将可能和卡特先生的经济政策很相似……这几乎没有差异，'措辞是一样的'。"

格林斯潘把所有的总统候选人都看成是潜在的雇主。在总统竞选的前一年里，格林斯潘见过几乎所有的共和党候选人，还见了民主党候选人杰瑞·布朗和特德·肯尼迪。格林斯潘为肯尼迪与"一些华尔街的关键大人物"组织了一次早餐会。

造势

此时的格林斯潘,没有再把主要精力用到发展事务所的业务上,艾科霍夫和其他几位女经济学家把它打理得很好,完全用不着他操心。格林斯潘开始更着力地经营他的社会声誉和人脉,因为他已经有了新的目标和谋划。

格林斯潘非常清楚经常宣传的价值,从经顾委主席位置上退下来之后,他很快加盟了赫赫有名的哈里·沃克演讲公司。该公司代理的名人除他之外,还有前宇航员约翰·格伦、纽约州副州长科莫和生物学家简·古多尔等。公司为格林斯潘安排在诸如企业高层会议、贸易聚会和商业圆桌会议等场合演讲,每次收费1万至4万美元不等,这是一笔非常丰厚的收入,同时带来的还有名望。

与此同时,格林斯潘再次进入了媒体的核心网络——与新闻界保持着密切关系,这是他在20年前初入华尔街时便打造的"秘密武器",他为他们提供有噱头的新闻话题和稿件,同时也从他们那里获益良多。正是媒体把他塑造成了一个明星般的经济学家,从而使尼克松、福特等人对他产生了兴趣。尽管他连博士都不是，也从没在严肃的经济学刊物上发表过有影响的论文，但他的知名度还是把他推上了总统经济顾问的宝座。格林斯潘对新闻界人士从来都谦和而有礼貌，《商业周刊》杂志的编辑弗兰克林回忆道："任何时候你想听取他的看法，都可以轻而易举地找到他。不管他正在忙什么，都会立即放下手头的工作接你的电话。"

格林斯潘加入了《时代》周刊的经济学家委员会。每3个月，《时代》杂志便把不同流派的经济学家聚集到一起，挑动他们展开激烈的辩论，随后将争论的主要内容刊登在《时代》杂志上，很是吸引眼球。

从20世纪起，无论是经商，还是从事政治，都越来越离不开宣传。1974年，《人物》杂志创刊，这本关注"那些制造了新闻或卷入了新闻之中或值得卷入新闻之中的人"的杂志，其社会影响力之大，使全国性话题的参与者们明白，他们的公众形象正在变得和国家政策一样重要，甚至有可能比政策更重要。

1975年，格林斯潘出现在《新闻周刊》的封面上，这是该杂志有史以来第一次以这种方式赞扬一位经济学家。照片上的格林斯潘戴一副厚镜片眼镜，衣服有点皱巴巴的，像一位性格内向的老学究，但这并不妨碍格林斯潘像《安妮·霍尔》的导演伍迪·艾伦一样，成为公众关注的对象。请求签名的人给他寄来一本本当期的杂志，他都签了。《阁楼》（一本色情杂志）也试图采访他，他拒绝了。

以前，格林斯潘都是以事务所合伙人的名义出现在《纽约时报》的商业栏目上，现在，媒体更多地以"经济学家""前总统经济顾问"来称呼他。格林斯潘成了社会栏目、时尚栏目和电视台名单中的固定人物，1980年，里根在总统选举中获胜后，他立即出现在路易斯·鲁凯泽主持的《每周华尔街》和《今天》电视节目中。

在庆祝大出版家马尔科姆·福布斯生日的福布斯游艇上，格林斯潘加入了福布斯的"60位密友"，在游艇上的其他人还包括哈皮·洛克菲勒、格洛利亚·范德比尔特、亚瑟·奥克斯·苏兹贝格、迪娜·梅里尔和纽约市市长艾德·科赫等名人。在另一个场合，格林斯潘加入了作家诺曼·梅勒和来自荷兰、新西兰、西班牙的联合国代表们的行列，猜测为什么著名记者卡尔·伯恩斯坦"穿白色围巾，把他那半正式礼服套装放在桌上"。格林斯潘还参加了芭芭拉和艾伦·托马斯的年度甜品晚宴，媒体报道说："65位宾客中有一人是经济学家艾伦·格林斯潘。格林斯潘先生是巧克力酥饼的狂热爱好者，正大口吞下《戴维的饼干厨房》节目推荐的巧克力酥饼。"

一个类比可以很好地说明格林斯潘通过非学术性路径达到职业顶峰的远见。1977年8月16日，摇滚乐之王埃尔维斯（猫王）逝世，他的离去造成了全国性的骚动，成千上万的人报道了"埃尔维斯的眼神"，埃尔维斯已不再作为一个人而存在，而是作为一个超越性的符号和一个化身而存在。同样地，艾伦·格林斯潘作为经济学家的各种能力也具有了超越性，现在他扮演的角色是明星经济学家艾伦·格林斯潘！

频繁曝光与造势为汤森－格林斯潘事务所又增添了许多新客户，一些大公司纷纷邀请格林斯潘担任它们的董事，如美国铝业公司、莫比尔石油公司和美国食品总公司，甚至连摩根银行也邀请他加入董事会。这些都是格林斯潘所乐见的，但此时的他，眼光已不再囿于商业。

"会员证"

早年因贫困而不得不中途辍学,没能拿到博士学位,这是藏在格林斯潘心头的一大憾事。格林斯潘很重视学位的价值,认为它不仅反映了一个人学术上的成就,更代表了一种资格,他俏皮地把博士学位比作是"会员证"。

成为华尔街的百万富翁后,年近40的格林斯潘向纽约大学申请了博士课程,他以前的同学、从商界返回学校任教的卡维什于是成了他的老师。

格林斯潘曾在哥伦比亚大学攻读过,但纽约大学不承认他以前在哥大积累的学分,所以一切都要从头来过。卡维什教授的是一门叫做"当今经济与金融问题"的课程,他回忆说:"格林斯潘对这些事的了解比谁都透彻,可是他仍然很认真地端坐在教室里,听我讲美联储采取的措施以及利率的走向。"

格林斯潘利用业余时间,零打碎敲地学着,可是天不遂人愿,赴华盛顿出任经顾委主席一职再次中断了他的学业。

博士学位也许对格林斯潘的咨询事业来说无足轻重,但他知道,如果他被考虑担任像美联储主席这样的政府高级职务，博士学位会有所帮助，所以从华盛顿回来以后，格林斯潘继续学习，终于完成了纽约大学规定的全部课程。

可是在博士论文上，格林斯潘又被卡住了。虽然他经常在报刊杂志上发表文章，但要求极其严格的专业论文写作，对此时已很难沉下心来的格林斯潘来说依然很困难。格林斯潘将他以前写的文章凑在一起，取了个枯燥乏味的名字：《论经济理论与政策》，以此抵当博士论文。这些文章包括：《美国经济资本开支与内部收益率模式》，刊登于1971年5月的一期《商业经济》杂志上；《不声不响的革命》，刊登于1977年5月会议委员会主办的一期《形势综述》上；甚至还有一篇他担任经顾委主席时起草的文件，题为《美国总统的经济报告》。

虽然这些文章算不上太差，但严格来说，无论是篇幅、题材还是规范性，它们都达不到学术论文的要求。不管怎么说，1977年，在卡维什的帮助下，51岁的格林斯潘凭着这本文集，最终获得了纽约大学的博士学位。

此后许多年里，人们对格林斯潘的博士论文一直不无微词，不满的人怀疑他的论著是否达到了博士论文的水准，而格林斯潘的行为更助长了人们的怀疑，他要求纽约大学不要公开构成他博士学位依据的一系列文章。根据学术开放的传统，任何人都可以走进一所大学，阅读任何一位被授予博士学位的毕业生的论文。支持他的人则说，根据已出版的论文授予博士学位这很正常，再说格林斯潘在哥伦比亚大学和纽约大学学过的研究生课程加在一起早已凑足了规定的学分。

格林斯潘的新任女友芭芭拉·沃尔特斯在她位于曼哈顿的公寓里为格林斯潘举行了一个小型晚会，庆祝他拿到博士学位。出席晚会的有伯恩斯夫妇和卡维什夫妇，格林斯潘的母亲以及他在福特政府内的好友扎布也在场。

芭芭拉·沃尔特斯是美国著名的电视节目主持人，1976年她与ABC电视台签约，年薪 100 万美元，轰动了美国。到 2000 年，71 岁的芭芭拉·沃尔特斯仍然是身价最高的新闻主播，年薪高达 1200 万美元。

格林斯潘在经顾委主席任上与她相识，随即相恋。有新闻主播做女朋友的格林斯潘，在电视上露面的机会自然大大增加。此后格林斯潘交往的女友都是电视新闻记者。80 年代期间，格林斯潘与麦克尼尔–莱尔新闻节目的制作人苏珊谈过恋爱。1997 年他再次结婚时，新娘是全国广播公司的政治记者安德烈亚·米切尔。

格林斯潘喜爱与女强人交往这一点大家都早已习以为常，兰德、艾科霍夫和芭芭拉都或多或少有他母亲当年的影子。他此后偏好女记者的癖性还是引起了人们的猜测，有人认为，格林斯潘对女记者情有独钟是因为受了她们的吸引。经顾委主席和美联储主席作为公众人物，时刻要牢记谨言慎行，稍有不慎，就会惹出轩然大波，而媒体争夺眼球的绝招就在于诱使这些大人物失言，以此作为新闻报道的噱头，为此常常导致双方关系紧张。格林斯潘老于此道，对媒体界势力之大自然是深有体会，而那些能左右政治人物命运的女性也深深吸引了他。也有人说，华盛顿的高官显贵们生活在一个相当封闭的圈子里，记者可能是他们接触最多的不属于这个圈子的人，故而成了他们挑选异性朋友的第一选择。

分手以后，格林斯潘与芭芭拉始终保持亲密的友谊，即便 1986 年芭芭拉与文娱界的巨头梅尔夫·阿德尔森结婚后，格林斯潘与她仍然来往密切。1997 年格林斯潘结婚时，芭芭拉也参加了他的婚礼。

不成功的尝试

转眼到了 1980 年。这一年又是大选年，经济界的明星格林斯潘自然成了各方拉拢的对象。第一个请求他帮助的是麻省的参议员特德·肯尼迪。格林斯潘为特德安排了一次与金融界高层人士的早餐会。

接着，马丁·安德森代表里根阵营向他发出邀请。安德森曾在 1968 年与格林斯潘一起助选尼克松，现在他是总统候选人罗纳德·里根的得力助手。安德森安排格林斯潘与里根在斯坦福教师俱乐部共进午餐。里根问了格林斯潘许多政策方面的问题，格林斯潘给他留下了很深的印象，会晤后他马上告诉安德森，他想让格林斯潘加入他的竞选团队。

除了格林斯潘外，里根的竞选班底还包括伯恩斯、西蒙、麦克拉肯、惠伦——都是尼克松竞选时期相识的老熟人。

1980 年 7 月 16 日，在共和党全国代表大会上，里根被正式确认为共和党的总统候选人，随后他便要马上决定他的副总统竞选伙伴。民意调查显示，如果里根选择前总统福特作为竞选伙伴，他的支持率可能上升 2~3 个百分点，足以改变大选胜负的局面。里根希望福特能够与他组成搭档，但困难在于，福特不愿意仅仅做一个徒有虚名的副总统，里根上台后须授予副总统更大的权限，里根对此表示很难接受。格林斯潘与基辛格在两人中间不断加以调停，最后福特和里根进行了认真的商谈，福特提出要求任命基辛格为国务卿，任命格林斯潘为财政部长。里根没有接受福特的条件，他说："我觉得这比一点牺牲要多一些。"

最终，里根邀请乔治·布什担任自己的副总统候选人。

格林斯潘和基辛格在这一事件中扮演了不太光彩的角色，挑选一位前总统当副总统是个不切实际的方案。有人认为他俩之所以极力怂恿福特答应里根，纯粹是出于一己私利，想为自己捞取一官半职。像格林斯潘和基辛格这样政治嗅觉敏感的人，怎么会做出如此幼稚的事？基辛格后来解释说："我和格林斯潘并没有强福特所难。我们不过是探讨一下，倘若里根阵营执意要搞联合的话，怎样才能做成此事。我俩一致认为，关键是要把卡特拉下马。"

这一段小插曲结束后，格林斯潘重新回到里根的经济顾问角色上，负责对他认为过于乐观的一些具体假定提出质疑，与此同时，他反复推算各种预测结果，设法使各种数字能够吻合。最终里根在大选中获得了压倒性的胜利，一共赢得了50.7%的选民选票，卡特得票率为41%；选举团的选票中，里根得票为489张，卡特仅得49张。

里根上台后，格林斯潘像助选尼克松成功之后一样，并没有留在政府任职——尽管里根非常尊重格林斯潘，但与他的交情一般，也不认同他的保守主义经济思想。格林斯潘只在经济顾问委员会里挂了个委员的兼职，偶尔接受政府的邀请，参加一些工作小组和委员会的工作。

1981年5月，政府出现了巨额财政赤字，入不敷出，美国的社会保障体系接近崩溃。里根政府决定削减社会保障费用。这一计划公布后，立即遭到了抗议，有组织的工会和美国退休人员协会怒不可遏，纷纷要求组织罢工，国会议员们也异口同声表示反对，5月20日，参议院以96票对0票通过了谴责里根这一提议的决议。面对全国巨大的反对声浪，里根不得不赶紧宣布成立一个跨党派的社会保障改革委员会，研究如何收拾这个烂摊子，挽回自己的声望。

里根请格林斯潘担任该委员会的主席。当年的白宫办公厅主任贝克回忆说："挑选格林斯潘做该委员会的领导，是因为他在经济界有着很高的声望。而且，格林斯潘在以前担任经顾委主席的时候，从不顾及党派利益，在政界备受尊敬。"

委员会花了整整一年时间，最终拿出了一个微妙的妥协方案，用以替代里根政府最初提出的方案，其策略是增税开源与"细水长流"并举，分两阶段增加雇主和雇员的工资税，逐步提高退休年龄，对高收入的受益者的津贴收税，并且把按指数化增加的生活费用津贴推迟6个月支付。

这一方案治标不治本，但既能够解决当务之急，又为政府节约了1650亿美元的开支，因而受到里根政府和国会的高度评价。1983年4月20日，里根签署了这一法案。这是格林斯潘在这一时期唯一参与的重大经济决策，它受到了里根总统的欣赏。他说："这个方案表明，我国无论如何都对社会保障承担铁一般的义务。"这一方案的提出使格林斯潘在里根心中的地位大大提高，为日后被提名出任美联储主席打下了基础。

目标锁定

在为里根总统的社会保障改革计划出谋划策的同时，格林斯潘以隐秘的方式向联邦储备委员会主席的宝座发起了冲锋。

美国联邦储备委员会简称美联储，是根据1913年《联邦储备法》建立的直属美国国会的独立行政机构之一，在美国政府中起中央银行的作用。美联储的作用在于：控制通货与信贷，运用公开市场业务、银行借款贴现率和金融机构法定准备金比率这三大杠杆来调节美国经济。美联储在货币金融政策上有独立的决定权，直接向国会负责。在影响美国经济方面，美联储主席的作用被看作是仅次于总统的实权人物。

似乎可以说，格林斯潘终生都在为有朝一日担任美联储主席这一职务做准备。他的恩师伯恩斯便走了同样一条道路——先是经顾委主席，然后挤进华盛顿上层的小圈子里，最后是美联储主席。

此时担任美联储主席的是由上届总统卡特任命的保罗·沃尔克。沃尔克一向以治理通货膨胀而闻名。他刚上台便下狠手治理前任米勒留下的烂摊子——高达14%的通货膨胀率。沃尔克毫不留情地收紧银根，致使美联储银行间贷款利率飞涨至19%，优惠利率也飙至21.5%，创历史最高纪录。服下这剂猛药的美国经济顿时出现严重的衰退。1982年，失业率高达10%，农场主们开着拖拉机把美联储的办公所在地埃克尔斯大厦围得水泄不通，抗议沃尔克。面对糟糕的经济局面，里根政府十分恼火，接连向美联储施压，沃尔克对之不理不睬，仍一如既往地推行他的紧缩银根政策，直到完全消除通货膨胀造成的经济扭曲。

沃尔克终于制服了通货膨胀。1983年，消费者价格指数年变化率降至3.2%，而且在沃尔克任职期间再没超过5%。他在债券经纪人和美联储的同事眼里成了一位英雄，但美国的农场主们和政府官员却一直对他怀恨在心。

1983年，沃尔克首任结束，在让他留任还是重新物色一位美联储主席这个问题上，里根政府犹豫不决。金融界给政府施压，要再次任命沃尔克为美联储主席。6月8日，《华尔街日报》发表了一份调查了702位公司高管的问卷，该问卷表明，77%的人希望沃尔克蝉联美联储主席，而处于第二位的是格林斯潘。

金融界对格林斯潘的信任也很明显。有了这样的支持，一旦出现机会，格林斯潘将处于领先的位置来接替沃尔克。

格林斯潘竞争美联储主席职位的方式很巧妙。他的传记作者杰罗姆·塔克西利写道："几位白宫内部人士透露，艾伦经常重点地去讨好那些起作用的人。"马丁·安德森告诉塔克西利："只要我在白宫，我都会看到他坐在大厅里或在办公室里工作。我绝对被他的无所不在而震惊了……他总是在角落里拥抱某人。"

媒体也顺势对他进行了集中报道：1983年5月，格林斯潘出现在电视节目《今天》中；1983年6月12日，他又出现在电视节目《编辑的办公桌》里；1983年6月5日，格林斯潘出现在《纽约时报》上；1983年6月

6日，《美国新闻和世界报道》发表了对格林斯潘的采访……《纽约时报》暗示道："就在上个周末，艾伦·格林斯潘在芭芭拉·沃尔特斯的陪同下参加了亨利·基辛格盛大的60岁生日宴会。当格林斯潘没有参加这些优雅的活动时，他一会儿出现在电视上，一会儿出现在华盛顿，还会在公司董事会办公室里与最有权力的人物交谈，发表他关于当天的经济事务、政治和社会问题的高见。57岁的格林斯潘是纽约聚会中最受欢迎的宾客之一——他是美国最领先、最受欢迎的经济学家。然而，现在，戴眼镜、说话轻言细语的格林斯潘先生正在被人们谈论什么将是他最崇高的职位。如果保罗·沃尔克……被要求辞去美联储主席，那么几乎每个人都会把格林斯潘当作美联储董事会主席的第一人选。"

里根始终拿不定主意。沃尔克是前任总统卡特任命的，不是他的人，沃尔克的表现也证明，此人一贯我行我素，桀骜不驯，始终与白宫保持着一定的距离。然而，沃尔克的声望很高，里根不能准确预测让沃尔克辞职以后，会引发何种混乱的局面。

6月6日，沃尔克安排了与里根总统的一次私人会见。在美国总统办公室，美联储主席沃尔克告诉总统："这拖延得太久了，您应该以这种方式或另一种方式来解决这个问题。"终于，里根做出了决定，在6月18日的广播讲话中，宣布沃尔克连任美联储主席。

里根总统的心病

转眼又过了 4 年，1987 年，沃尔克的第二届任期即将结束，他向里根提出离任，理由是个人身体欠佳，而且与妻子长期两地分居。不过大家心里都明白，沃尔克不过是在试探口风，如果里根明确表态支持他连任，他会接着干下去的。只不过此时新一届的总统大选即将举行，里根不得不对此认真考虑，谁也无法保证沃尔克不会在这个关键时候再次紧缩银根，如果真的如此的话，共和党继续把持总统宝座的愿望将会受到严重的挫折。

里根的疑虑不是没有道理，由于美联储与政府管理经济的职责不同，其采取的货币政策往往与白宫的经济目标相抵触，从而给总统带来麻烦，有时甚至是毁灭性的打击，这在美联储的历史上司空见惯。

20 世纪 30 年代，罗斯福总统为了顺利推行新政，任命埃克尔斯为美联储主席，以加强美联储在振兴经济中的作用。埃克尔斯是个高明的银行家，在大萧条期间，他拥有的银行照常营业，储户存款分文不少，这让罗斯福总统十分欣赏。

这位苏格兰移民的后代并没有因为受到总统的青睐而心怀感激，他一上台便开始与总统讨价还价。在埃克尔斯的强力推动下，美联储进行了一系列改革，比如联邦公开市场委员会的作用得到了加强，从而确保美联储能够真正以一家"权力分散的央行"的身份履行它的职责。埃克尔斯还直接影响了1935年出台的《银行法》，这部法律使财政部长和总审计长不再担任美联储的董事，从而从根本上切断了政府内阁对美联储的管辖，保证了美联储的独立性。

小威廉·迈克切斯内·马丁是另一位伟大的美联储主席，他是一位治理经济的天才，年仅31岁便出任纽约证券交易所主席。马丁在美联储主席的位置上一口气干了19年，先后经历过5位总统——杜鲁门、艾森豪威尔、肯尼迪、约翰逊和尼克松，是在位时间最长的美联储主席。更重要的是，他创造了美国经济上升时间最长的历史纪录：从1961年一直攀升到1969年。在他当联储委员会主席的时期，美国进入金融繁荣、经济增长、失业率低、通胀率低、生活水平大提高的黄金时代。美联储在华盛顿总部的两座大楼，其中有一座就是以他的名字命名。

马丁是个以预测谨慎——甚至过分谨慎——著称的主席，历任总统都拿他没有办法。一次，约翰逊总统为了说服马丁放松银根，特意邀请他到自己位于得克萨斯州的牧场做客。约翰逊总统亲自开着他那辆林肯敞篷车载着马丁在崎岖不平的乡间土道上一路狂奔，但马丁最终没有满足他的愿望，利率依然保持纹丝不动。马丁曾有过一个精辟的比喻："美联储的职责就是扮演一个监护人，看到晚会有点失控时，就将酒碗撤走。"

格林斯潘的导师伯恩斯在他8年美联储主席（1970—1978年）的任期内也表现出色，但他犯了一个错误，未能保持美联储一贯的独立形象。伯恩斯与白宫过从甚密，在1972年的总统大选期间曾迎合尼克松的需要，放松了银根，后人评价他是"当代最政治化的"一位联储主席。

保罗·沃尔克身高6英尺7英寸，人送外号"大个子"，他脾气粗暴，对货币政策的精通体现在联储日常工作的技术细节的方方面面。沃尔克从未放弃争取美联储独立于政治之上的努力，他有一次甚至拒绝到白宫去见里根总统。

里根总统内阁经过反复考虑和磋商，最后下定决心换掉沃尔克。他们以巧妙的方式，通过流言蜚语的小道消息为沃尔克制造舆论压力。最终，1987年6月1日，沃尔克约见里根，向他递交了一份打印好的辞呈，当面表明了自己无意连任的决心。里根便顺势同意了沃尔克的辞职。

沃尔克在退位之前，要求政府承诺由坚持抑制通货膨胀的伙伴继任主席。《商业周刊》报道说："当总统和沃尔克对照各自提名的美联储继任人名单时，两个人都把经济学家艾伦·格林斯潘作为了首选。"沃尔克欣赏格林斯潘保守的经济理念，里根从刺激经济的需要出发，虽然对这一点心怀疑虑，但人人都称道的是，格林斯潘为人务实而又有弹性，完全可以像他的导师伯恩斯一样与白宫合作，这让他稍稍放心。更巧的是，格林斯潘是一位共和党人——虽说美联储主席在政治上是超出党派的，但用一位共和党人取代一位民主党人，怎么看也不会是一件坏事。

1987年6月2日，里根宣布了提名格林斯潘的决定。在里根宣布提名几分钟后，道琼斯指数下跌了22点，随后又反弹了上去。这是一个积极的信号，说明金融界认为，格林斯潘接替沃克尔并没有什么不妥。外汇交易市场的情形则不太乐观，美元对日元和欧洲各国货币的比价大幅下跌。这与沃尔克在国际市场上的名望有关。在位8年的沃尔克主席与世界各国央行行长都关系密切，从伦敦到东京没有他不认识的央行行长。显然格林斯潘在国际金融界的认知度还有所欠缺。

但是，情况很快出现了转机。第二天，在东京，美元的汇价有所上升；在巴黎，美元汇价比前一天上升了1%。市场的结论是，格林斯潘是新任美联储主席的理想人选。对此，他自己也深信不疑。

丘吉尔在第二次世界大战期间担任战争内阁领导时说:"我一生都在为担任这一工作作准备。"格林斯潘虽然可能从来没有明确地将自己的目标定为美联储主席,然而至少没人能像他一样作好准备:他与伯恩斯的友谊是他进入联储的入场券,并且使他比任何人都深知联储的运作方式,尽管除此之外他还有很多东西要学,他感到他已经掌握了大多数的工具;他对美国经济的运作方式有非常透彻的了解,自信已经准备就绪承担货币政策的责任;他的经济顾问的工作使他对许许多多的公司和行业的情况了如指掌,从而使他对美国的经济体系有了悉心的了解;同时,他还感到他对政治体系的运作也有较好的掌握。

惊人的决定

格林斯潘要过的下一关是出席参议院银行委员会的听证会。该委员会将决定是否把格林斯潘的名字提交给整个参议院,由它最后核准这项任命。

格林斯潘多年来一直是共和党的一员,所以他的独立性受到委员会主席威廉·普罗克斯迈尔的怀疑。这位来自威斯康星州的民主党人似乎是格林斯潘政途上的拦路虎,在格林斯潘1974年担任经顾委主席的听证会上,他投了反对票。

普罗克斯迈尔问道:"你能对总统和国会说'不'吗?"作为一名民主党议员,他担心格林斯潘能否保持美联储的独立性。

格林斯潘沉着地回答道:"当然,我会信守自己的誓言。"他说,在美联储主席的位置上,他将不惜"一切代价"使联储"保持独立"。

格林斯潘接着向听证委员会陈述说,经济增长和低通货膨胀这两者之间其实并没有什么冲突,这也是他成为美联储主席后常说的一句话。"我们把重点放在限制通货膨胀方面是绝对重要的",因为"一旦失败,我们很难有机会保持经济的增长"。

普罗克斯迈尔接着批评格林斯潘作为一个经济学家，对经济形势的预测却屡出错误。他还对格林斯潘在反托拉斯问题上的看法表示疑虑，因为有时候美联储需要介入银行的合并，而格林斯潘从前写的文章表明他"从理念上不赞成反托拉斯法"。普罗克斯迈尔甚至还提起一件往事，当年西尔斯连锁零售百货店曾请格林斯潘帮助它扩展经营范围，以求打入金融行业。根据有关法律，像这样的连锁店本来是不能涉足金融服务业的。

格林斯潘对普罗克斯迈尔批评他预测经济形势常出错误这一点采取了默认的态度，他更擅长剖析经济，找出经济放慢或通货膨胀加快的苗头，预测未来或是给出一个确定值不是他的强项。

关于在反托拉斯这一问题上所持的态度，格林斯潘含糊道："你说得不错，我在理念上确实反对《谢尔曼法案》。过去反对，今后也会反对。我非常了解这项法案的内容，也知道运用这一法案时应该依据怎样的法律标准。我认为我能够把我的个人观点同法律上的需要区分开来。"

格林斯潘被盘问了整整三个半小时。委员会要求格林斯潘断绝与汤森－格林斯潘事务所的一切往来。如此一来，格林斯潘必须为事务所物色一位买主，但因为时间太紧，无法在委员会规定的期限内做到，格林斯潘不得不放弃了这间事务所。1987年7月31日，汤森－格林斯潘事务所关门停业。

格林斯潘还必须重新安排自己的资产，以避免有任何利害冲突的嫌疑。他所持有的有价证券包括美国铝业公司、美国广播公司联合公司和摩根银行的股票，美国政府发行的长期债券等，总价值约290万美元。格林斯潘还需要卖掉他拥有的所有金融公司的股票。

普罗克斯迈尔在听证会上对美联储的7名理事现在全是里根政府提名的人表示担心，但是对格林斯潘的任命还是投了赞同票，他认为格林斯潘能够胜任未来的工作。在听证会临近结束时，普罗克斯迈尔向格林斯潘坦承他当年反对格林斯潘担任经顾委主席是"犯了错误"。

8月3日，该任命在整个参议院以91票对2票的票数通过。

1987年8月11日，白宫为格林斯潘举行了主席就职仪式。国务卿舒尔茨、国防部长温伯格、卸任的前美联储主席沃尔克、美联储的其余6位董事以及其他白宫政要出席了就职仪式。格林斯潘的姨兄韦斯利和姨嫂卡罗琳见证了这一历史时刻，他的母亲罗丝因为身患重病未能赶来分享儿子的荣誉，不过她委托韦斯利把格林斯潘参加经顾委主席就职仪式时用过的那本上面有福特签名的《圣经》带给了他，罗丝非常珍爱这部《圣经》，一直把它摆在家中客厅的茶几上。

在就职仪式上，里根总统赞扬格林斯潘是一位"深受经济学家尊敬的经济学家"。

格林斯潘致答词说："我首先应该感谢前任主席，因为有了他，才有了现在不上涨的通货膨胀、牛气冲天的股票市场、低利率和高就业。有了这一切，今后4年的日子好过多了。"

从1977年离职经顾委主席到今天，经过10年的运作和耐心等待，61岁的格林斯潘终于登上了他理想中的宝座，从此一坐就是18年，成为里根、布什、克林顿、小布什时期的"四朝元老"。

第五章
成功与失误

里根总统做梦也没想到,他刚把美联储主席这个宝座送给格林斯潘,格林斯潘就立即回敬了他一个下马威。格林斯潘的权力不容任何人掣肘,就算是美国总统也不行。对于如何操控美国经济这艘大航船,格林斯潘有他自己的一套理念。刚一上台,他便拯救了在"黑色星期一"中濒临崩溃的股市,让诸多质疑者们闭上了嘴。当然,他也有失误的时候……

给总统一个下马威

里根怎么也没想到,格林斯潘刚一上任,就给了他一个下马威。1987年9月4日,距他上任仅仅24天,格林斯潘便宣布,将"联邦优惠利率"(又称"贴现率")提高0.5个百分点,从5.5%提高到6%。美联储已经有三年半没有提高过利率了,观察人士认为,格林斯潘此举表明,他将和沃尔克一样坚定地反通货膨胀。

格林斯潘上任伊始,美联储的研究人员向他递交了一份长期经济形势分析报告。从报告中可以看出,20世纪50年代后期和整个60年代,是美国经济发展的黄金时期,经济持续稳定增长,通货膨胀率和失业率双低,发展趋势良好,但格林斯潘敏锐地发现,证券市场上股价过高,交易量也在迅速增加,股市的发展速度远远超过了实际经济的增长速度。格林斯潘隐隐听到了新一轮通货膨胀到来的车轮声,他决定把贴现率稍稍提高一点,借此观察市场的反应。

新任美联储主席刚刚就职不久便提高贴现率,白宫对此大为恼火——1987年是一个特殊年份,是4年一度总统大选的热身年。虽然里根不可能再继续连任,但是他却希望本党的副总统乔治·布什能够顺利接班。身为现任总统,他期待经济能够持续繁荣——没人会选择一个搞垮经济的政党上台执政,而格林斯潘在此时提高贴现率抑制通货膨胀,必然会给经济发展带来影响,给共和党的大选带来麻烦。

格林斯潘这样做其实也有他不得已的苦衷。他上任不过几周,即感到经济日趋过热。美国经济的扩展已持续了56个月,不久前,道琼斯指数突破2000点大关,到了1987年8月25日,又创2747点新高,经济繁荣已经发展到了后期,开始出现摇摆不定和失衡现象。格林斯潘敏锐地感觉到新的一轮通货膨胀正在酝酿中,他看到政府的预算赤字急速上升,非常担心联储在经济政策上的丝毫放松都会导致新一轮的价格上涨——事实上,格林斯潘在担任美联储主席的18年中,一直都在采取各种措施,甚至不惜以过高的代价来避免可能产生的难以控制的通货膨胀,如果经济增长得实在太快的话,他会立刻提高利率。

美国罗彻斯特大学的经济学教授查尔斯·普罗塞说:"通货膨胀长期得到抑制,这的确是格林斯潘的一个主要功绩……沃尔克任内把通货膨胀率从12%降到3%,格林斯潘把这个势头延续了下来,使美国经济的低通货膨胀状况持续稳定,这应该是他取得的最伟大的成就。"

金融界对格林斯潘的这一举措表示了理解,认为稍稍提高一点贴现率并非"很激烈的政策改变",经济学家米·里维说:"那只是一个小措施,不是联邦要进一步收紧银根的信号。"

也有人把格林斯潘的这一举动解释为"急于摆脱沃尔克的影子",以显示自己的独立性。这一说法也并非没有道理,谁都知道,格林斯潘要在美联储有所作为,就必须与白宫保持一定的距离。

每届政府都希望它大选时对选民许下的诺言能够在4年执政期内得以

实现，所以它有很大可能是短视而务实的，政府与美联储在经济方面的目标往往并不一致，政府追求的是本届任期内的短期效应，而联储则偏重于对经济长远发展的考虑。同时，政府与市场的利益也并不总是一致，政府考虑经济的着眼点与市场需求往往产生矛盾，而美联储显然要更多地听从市场，联储制定的货币政策是长远的，不能够为讨好某届政府而采取偏激的做法，制定损害长期货币政策的计划。

在美国历史上，大多数的联储主席在制定货币政策时，都不会顾及白宫的感受。向白宫屈服，就意味着联储丧失了宪法赋予它的独立性。虽然白宫在经济政策上可以批评和指责联储，甚至总统有提请国会罢免联储主席的权力，但除非联储主席本身存在重大的失误，否则国会是不会轻易听从总统的建议的，因为联储是独立于白宫以外的一个机构，它只向国会，而不是向总统负责。

基本上历任联储主席都能够在政府的压力下，坚持联储体系的独立性，不论出于治理经济的目的与白宫强硬对抗，还是为了缓和关系而圆融变通，没有一位联储主席会摆出向总统俯首称臣的姿态，那样会遭到国会以及华尔街金融大亨们的指责。从白宫对联储主席的期望来说，听话与否也不是最主要的，"能干"才是最重要的。所以，尽管联储主席常常顶撞白宫，拒不听命，但只要能够将经济发展中出现的各种问题处理好，又不给当政者制造太大的麻烦，白宫也往往听之任之。

格林斯潘心中自然对此十分明了，他身为美联储主席，即使是与本党总统共事，也不能与总统的关系过于亲密，否则难免被人讥讽太过听命于白宫，使华尔街对自己失去了信任和尊重。格林斯潘的导师伯恩斯，当年就是因为与尼克松总统走得太近，被人们指责为满足白宫"发展经济"的要求，听任通货膨胀加剧到了失控的程度，在他8年的联储主席任职期间，声誉一直不高。有人说，格林斯潘吸取了导师的教训，所以一上任就提高利率。这种说法倒也不完全是空穴来风，格林斯潘早在担任福特总统的经顾委主席期间，就曾因担心自己与共和党政府关系密切会导致国会及新闻媒体的猜疑，而很少担任政府经济政策的发言人。

幸运的是，里根政府内阁还没来得及向他表示愤怒，格林斯潘就立即以他果断、冷静和从容处理危机的能力，在纽约华尔街以及白宫两方赢得了声望。

当机立断

1987年10月19日一大早,华尔街股市就乱成了一锅粥,成堆的纸片撒满了经纪人的办公桌,每一张都是草草写就的抛售股票的指令。早在美国股市开盘前,东京和伦敦股票市场暴跌的消息就已经传了过来,一种不祥的预感袭上交易大厅每个人的心头。

一开盘,道琼斯工业平均指数就跌去67个点。转眼间,荧屏上一片绿盘(下跌),看不见半点红浪(上升),交易所内到处充满了惊恐的尖叫。道琼斯30种股票平均工业指数直线下泻,犹如一场疾风暴雨,美国金融史上最黑暗的一天——"黑色星期一"来临了!

美联储迅速得到了这一消息。中午,格林斯潘召开了一次电话会议,与在华盛顿的各位董事以及各区域银行行长讨论局势。随后,他按照原定的日程,飞往达拉斯市,将要在那里举办的美国银行家协会年会上发表演讲。格林斯潘和他的助手一致认为如果取消这次演讲,会令市场更加不安。

下午1点45分,格林斯潘动身前往达拉斯时,道琼斯指数已经下跌了200点。

5点45分,飞机抵达达拉斯,格林斯潘见到在机场上迎候他的美联储官员,开口便问道:"市场收盘情况如何?"

"跌了508点。"那位官员答道。

当天收盘时,道琼斯指数由2246.74点狂跌到1738.74点,跌幅达22.6%,创下了股市有史以来一天下跌的最高纪录。其他指数也惨不忍睹,NYSE(纽约证券交易所)综合价格指数下跌19.2%,AMEX(美国证券交易所)综合指数下跌12.7%,NASDAQ(纳斯达克)综合指数下跌11.35%。在纽约股票交易所挂牌的1600种股票中,只有52种股票上升,其余全部下跌,其中1192种股票跌至52个星期以来的最低水平,连许多蓝筹股也在劫难逃,通用电气公司股票下跌33.1%、电报电话公司股票下跌29.5%、可口可乐公司股票下跌36.5%、西屋公司股票下跌45.8%、运通公司股票下跌38.8%、波音公司股票下跌29.9%……5030亿美元的股票市值在一天之内化为乌有,相当于美国当年国民生产总值的1/8!

《血溅华尔街!》《失控的金融大屠杀!》所有的报刊头版头条都写上了触目惊心的血红标题。这一天损失惨重的投资者不计其数,亿万富翁萨姆·沃尔顿一天之内股票价值损失21亿美元、世界上最年轻的亿万富翁比尔·盖茨损失3.45亿美元、电脑大王王安仅在19日下午就损失了3100万美元。亿万富翁阿瑟·凯恩一夜之间背上了近千万美元的债务,绝望之中对准自己的脑袋扣动扳机结束了生命……许多百万富翁一夜之间沦为贫民,许多人因股市暴跌不堪债务重压而精神崩溃,自杀的消息不绝于耳。一时间,银行破产、工厂关门、企业大量裁员,人心惶惶。

格林斯潘一到宾馆房间,便抓起电话联系美联储的几位副主席。所有人都在想:怎么办?美联储的主要管理对象是信贷市场,虽然它的各种货币政策肯定会对股市产生一定的影响,但其主要管理目标还是金融机构,股市下跌不过是些账面损失,虽然对实体经济的影响肯定会有,但并不是灾难性的，而一旦信贷市场停止周转，各家银行因为担心收不回贷款而停止放贷，问题就严重多了。银行拒绝发放贷款必然造成恐慌，无论借贷人信誉是好是坏，银行不分青红皂白一律不予贷款，破产的商家便会像雪球一样越滚越大，这才是导致经济崩溃的致命点。

在1929年的股灾中，美联储就犯了这样的错误，它提高了利率，导致信贷流通受阻，结果股市的崩溃演化成了一场历时4年的经济大萧条。

美联储危机处理小组密切关注海外股市行情的动向，结果令人极其不安：巴黎证券市场下跌了6%，伦敦下跌了12%，东京下跌了15%——这是30年来日本股市跌幅最大的一次。各种迹象表明，第二天美国的股市肯定还会再次发生震荡。

当天晚上，美联储所有官员召开紧急会议，格林斯潘与他的同事们反复商讨对策，拯救市场的方法主要集中于：

1. 敞开市场买入股票，以保证银行系统的资金不至于枯竭，同时稳定短期利率不再上涨。

2. 组织有实力的大型证券公司收购股票，对市场进行人为干预。

3. 有目的地由美联储出借资金以稳定股市价格。

4. 减少股票交易时间或者直接关闭股市——这显然是所有人都不愿意看到的。

为了防止整个市场因资金抽离而瘫痪，美联储最终决定，向市场注入资金。然而，如何巧妙地表达这一意图，既不会给股民造成错觉，又不会导致一些机构趁火打劫，这是个很重要的问题。有人建议发一个冗长的、专业性很强的文件，以隐晦的方式向市场传递这一信息。格林斯潘经过一番审慎思考，最终极为罕见地坚持这个声明要简明扼要，清楚地向市场表明美联储拯救股市的决心。

一切商议已定，大约凌晨1点钟，格林斯潘按照他保持多年的作息规律，上床休息去了。

他的同事们无不佩服他处乱不惊的本领，甚至觉得他安详得有点怕人。刚刚上任没多久就发生了这么大一件事，格林斯潘依然能够保持冷静，这反映了他沉稳的性格、丰富的阅历和强大的自信。一位美联储高级官员回忆说："如果你是格林斯潘这种多年在经济圈摸爬滚打的老手的话，问题的关键在于你如何接收信息。这时候需要冷静，不能胡思乱想。换了一个外行人，他可能会问自己：'这对我会有什么影响？我是不是得提前下台？'格林斯潘遇到这种局面不会寝食不安，而是会审时度势，首先摸清事情的来龙去脉。"

时任财政部长的贝克则说得更直接："我觉得格林斯潘根本紧张不起来。"

第二天一大早，媒体纷纷在第一时间播发了如下新闻："美国联邦储备委员会今天证实，作为国家央行，它将履行自己的一贯职责，提供流动资金以支撑经济和金融体系。"与此同时，格林斯潘取消了原定在达拉斯市发表演讲的计划，乘一架军用飞机返回华盛顿。

媒体在第一时间传出的信息表明美联储支持银行为股票交易商继续发放贷款，市场对此立即做出了反应，两家主要商业银行在第一时间宣布降低优惠利率，花旗银行迅速增加4亿美元的证券贷款，银行家信托公司也表示在任何情况下都会保证客户的资金需要。美联储的承诺产生了作用。

格林斯潘在危急时刻改变了他一贯奉行的货币紧缩政策，在一夜之间作出决定，联邦储备委员会立即向银行系统注入资金，并向一切面临资金难题的主要金融机构提供援助，以保证股票市场所需流动资金的供应。用《商业周刊》的话说，格林斯潘"向市场打开了货币水龙头"。整个市场有如大旱逢甘霖，一步妙棋，稳定了市场信心，华尔街金融家和投资家们无不交口称赞。

漂亮的组合拳

美联储向各家金融机构表明,它愿意而且能够向它们提供充足的货币,资金的流动不成问题,可以使它们一直维持到股市反弹。

提供流动资金只是提振市场信心的第一步,美联储还要有技巧地使各家银行能够像往常一样发放贷款。格林斯潘把这项任务交给了纽约联储银行主席科里根。科里根曾是前任美联储主席沃尔克的特别助手,现在也是联邦公开市场委员会的副主席。此外,科理根的人际关系网庞大,与国内各大银行行长以及各大金融机构的掌门人都有着很好的交情。在12家美联储区域银行中,纽约联储银行的影响也是最大的,华尔街一有什么风吹草动,科里根很快就能知道。

在人人自危的情况下,科里根必须威逼利诱,用尽一切手段,让那些银行家们愿意打开荷包,把钱借给那些倒霉蛋。科里根说:"怎样说才能达到目的,这是门艺术。你绝不能开口就对一家银行说:'你们应该给某某家证券公司发放贷款。'这样讲就犯忌了。你应这样开头:'是否发放信贷是你们的决定。我不过是介绍一点情况,供你们作决定时参考。'其弦外之音,任何一位银行家都能听得出来。"

科里根干得不错,各大银行一间接着一间地就范了,但接下来在经纪公司这一块又遇到了麻烦,毕竟经纪公司的实力与银行相去甚远,它们根本不敢冒险在此时将资金贷出去。如果在这一环被卡住,那么之前的努力就全白费了,紧急中,格林斯潘决定由美联储直接担保经纪公司的付款。这是一个迫不得已的办法,只能在私下里秘密进行,一旦公开,银行和经纪公司就会依赖并利用美联储的担保,首先保住自己的荷包。

资金终于投放到了市场。当天下午1时左右,效果便出来了,几家华尔街公司买入大约6千万美元股票的期货合约,给市场注入了一支强心针。

美联储连出两拳,这还不算,格林斯潘又紧急约见财政部长贝克、白宫办公厅主任霍华德和经顾委主席斯普林克尔等人,一起商谈如何说服里根总统采取更果断的行动。星期一股票暴跌508点后,里根面对记者提问时只简单地说了一句话:"经济基础仍然良好。"这显然是不够的。大家一致认为,倘若里根总统能够与国会一起商讨抑制过度膨胀的联邦预算的话,将会有助于稳定股市。

历史经验表明,如果政府预算赤字严重,通货膨胀几乎是必然的结果。1930年,国库券红利率之所以猛涨至10%,正是因为当时恐惧通货膨胀的心理在作怪。在国库券更高红利的诱惑下,无时无刻不在追求更丰厚红利的投资人抛出手中股票,改买债券,毫无疑问,这是造成股市崩溃的原因之一。

下午,格林斯潘、贝克、斯普林克尔和其他一些政要在白宫西侧的会客厅里与里根会面。财政部长贝克率先向里根建议与国会召开一次讨论预算的高峰会议,格林斯潘随后也表述了自己的意见,告诉里根,必须找到办法打破预算上的僵局,否则股市会继续下滑。

里根同意了他们的要求。会议结束后,里根召开记者招待会,表示他

"愿意研究国会领导人提出的关于削减赤字的任何提案",他还誓言要大幅砍削预算开支,"除社会保险金外的一切开支"都在砍削之列。这只不过是一个姿态,后来无论里根还是国会,在控制财政预算上都没有取得任何进展,不过里根的讲话及时地给市场鼓了劲。

第二天,道琼斯指数上扬186点,创单日股票上扬最高纪录。星期四,道琼斯指数又下跌了77点,此后股市涨涨跌跌,起落不定,但局势总体上开始慢慢趋向好转。

美联储继续提供流动资金。以前的惯例是,每天上午大约11点半,纽约美联储从事公开市场交易的官员通过电话向主要经纪人购进或抛售有价证券,这一时间被称为"美联储时间"。股市崩溃后,美联储连续多日提早找经纪人买卖有价证券,有时早上10点美联储的电话就来了,购买的证券数量也是惊人,以前美联储一般一天购买价值20亿美元的有价证券,股市崩溃后,它每日购进的证券价值在60亿美元以上。

多重组合的拯救措施终于奏效了。美联储的银行间贷款利率降了下来,各家银行随之也下调了自己的优惠利率。虽然股市仍然惊魂未定,大约有50家较小的股票经纪公司倒闭,不过它们的倒闭对经济没有造成很大的危害。黑色星期一过去仅两周,股市差不多已恢复了正常。

从1982年起,美国股票市场进入了半个世纪以来最长的一段牛市,连续5年,股票价格稳步上升,纽约华尔街股票交易所每天的平均交易额几乎翻了3倍。1987年的大崩盘使那些拥有数十亿美元债券、占整个股市90%交易额、决定华尔街命运的大型投资公司一败涂地,几乎毁灭了整个西方金融体系。

由于美联储行动果断,这次大崩溃最终只是震了经济一下而已,没有造成什么持久的损害,股市马上又反弹了回来,局势也以令人吃惊的速度恢复了正常。格林斯潘走马上任后不久,即成功地化解了一场严重的危机。

在这次危机中,格林斯潘让美联储着实扮演了一位最后贷款人的角色。20年后,格林斯潘的继任者伯南克评价说:"对这种情况的反应,美联储在其最后贷款人能力范围之内,执行了一个非常重要的保护功能。"伯南克把美联储的这种行为比喻为"最后保险人"。

1929年股市崩盘通常被认为导致了大萧条,而1987年的崩盘只是给实体经济造成了一些痛苦,没有导致金融体系的崩溃。人们普遍认为,是格林斯潘及时向银行体系注入大量流动资金才拯救了股市。这次事件将格林斯潘推到美国乃至世界金融大舞台的中央,从此拉开了"格林斯潘时代"的序幕。

随机应变

股市危机过后,格林斯潘很快把注意力又转向了他一直紧密关注的经济过热问题。衰退的危险消除后,格林斯潘更加担心通货膨胀。美联储对经济调控的一个重要目标就是保持发展的平衡,如果国内生产总值增长速度过慢甚至转为负增长,经济就会走向收缩并陷入一场衰退;但经济增长速度过快同样也有危险。美联储好比是一艘设法穿越一条狭窄航道的船,无论偏左还是偏右都会遇上危险:倘若银根收得过紧,经济便会滑入一场衰退;倘若银根放得过松,导致的后果还是一样,经济增长过速会导致通货膨胀,随后导致衰退。股市崩溃得到控制后不久,格林斯潘便隐隐听到了通货膨胀到来的脚步声——分布在各地的区域联储主席纷纷告诉他,当地的公司正在迅速扩张,待业的人员越来越少,劳工市场日益紧俏,加薪已是势不可免,公司企业必将提高商品和劳务的价格来转嫁成本。

官方统计数字公布后,格林斯潘的担心得到了验证。1987年第四季度的国内生产总值实际增长率为7.2%——健康的国内生产总值增长率通常保持在3%左右——同时失业率也开始下降,这意味着劳动市场有可能趋向供不应求。面对这一情况,格林斯潘立即开始转向。1988年初,美联储重新开始收紧银根,引导经济避开增长过快的危险。

格林斯潘上台伊始就提高了贴现率,几周后,为应对股市崩溃他放松了银根,现在他又回到了防止通货膨胀的原定计划上。"随机应变是格林斯潘的特点。他确定股市崩溃对经济没有产生什么影响后,便立马改变了政策,这种应变能力非常罕见。"长期研究美联储的琼斯说。

此时正值大选紧锣密鼓时期,里根最不乐于看到的就是美联储紧缩银根。当初正是出于这种担心,里根政府才决定让沃尔克下台,由格林斯潘接任。共和党内阁对这位同属共和党的联储主席的愤怒可想而知。政治家关心的永远是眼前的利益,很少有人愿意牺牲眼前而为整个社会经济做长远的打算,特别是在目前竞争总统职位的节骨眼上。

1988年1月21日,财政部的一位官员达比致函美联储,敦促它推动经济加快增长。美联储的人对此非常吃惊,联邦储备委员会是一个独立机构,很少有白宫官员敢如此明目张胆地对它施加压力。

1988年2月24日,格林斯潘在国会作证时对此表示了不满:"我对达比博士的这一做法表示强烈反对。达比博士也许并没有考虑到他这样做的后果。我个人倒是不太担心美联储的工作会受到政府压力的影响,但我不希望由于人们过度担心美联储会屈服于政治压力,而导致我们被迫与政府背道而驰,采取不符合我们最佳判断的行动。"

格林斯潘从来不是一个喜欢为自己树敌的人,但他知道美联储作为一家独立机构,绝不能迎合白宫的意愿。一旦经济出现问题,那些政治家们永远不会承认自己横加干预产生了恶果,而只会给美联储扣上一顶无能的帽子,只有强硬地坚持自己的独立性,美联储才能更好地掌握美国经济的舵轮。格林斯潘将这封象征着白宫向美联储施压、跨界影响独立机构运作的信向媒体公布,并借《华盛顿邮报》向白宫表示自己的抗议:"格林斯潘要政府停止向美联储施压!"里根对此表示毫不知情。他表面上冠冕堂皇地宣布要彻底查清此事,私下里却仍旧不放弃努力。美联储主席与财政部长有每周一次的例行工作早餐,里根让财政部长贝克利用共进早餐的机会试图说服格林斯潘,但格林斯潘干脆取消了一周一次的早餐活动。在里根总统第二任任期最后一年半的时间里,两人见面的次数几乎为零。

虽然迅速地平息了一场股市大危机,为格林斯潘和美联储带来了极大的威望和人气,但格林斯潘知道,美联储采取的那些措施毕竟都是非常规的权宜之策,美联储需要一个统一的机制,以有力应对那些潜在的危机。格林斯潘建议增强美联储运作的灵活性。经过一番讨论,美联储最后决定,联储主席有权在每6个星期举行一次的联邦公开市场委员会上,做出改变利率的决定。格林斯潘知道,这些决定虽然不能解决突然出现的危机,却能对市场产生长远的影响,若应用得当,将会扫清路上的障碍。

1988年下半年,随着大选的逼近,格林斯潘与共和党的关系越来越紧张。总统候选人布什在缅因州竞选时,委婉地攻击格林斯潘和美联储道:"我不想看到美联储把事情做过了头,一步步地阻拦经济增长。我认为经济还有增长的余地,而且不会造成无法承受的通货膨胀。"

格林斯潘对这些攻击充耳不闻,专心致力于实现经济的软着陆。距离股市的大振荡已过去半年多的时间,但经济的走向仍不令人乐观,虽然他早已将联邦储备基金利率提高到了7.5%,但通货膨胀的警报仍未解除,美联储不得不进一步提高利率。1988年8月9日,美联储会议通过了提高贴现率5个百分点的决议,上涨后的银行间贷款利率达到8%。在接下来的几个月,美联储持续推行紧缩银根政策,直到银行间贷款利率达到9.75%。

总统大选的最终结果表明里根和布什多虑了。布什在选举中得到的票数甚至超过里根1980年大选中赢得的票数,大败民主党对手杜卡基斯,顺利当选为美国第41任总统。

失和

  里根总统卸任时，没能够给他的继任者布什留下一个好的经济局面。在里根执政期间，美国虽然表面上看起来经济繁荣，但商家、银行和个人大肆举债，债台高筑，接连几任总统花钱无度，累积了庞大的财政赤字，里根所奉行的低税收、巨额军费开支的政策更是令经济雪上加霜。乔治·赫伯特·沃克·布什所面对的是繁荣留下的各种后遗症，在他执政的4年里，美国经济日益困难，各种问题层出不穷：贸易条件恶化，大量工厂迁到海外，房地产市场价格直线下跌……

  无论哪一位美联储主席，面对这种局面都会感到力不从心。格林斯潘在制定货币政策的时候简直无所适从，他力图小心翼翼地引导经济，然而经济体系却不断地受到各种事件的冲击，如互助储蓄银行业危机、商业银行大批破产、波斯湾战争爆发等，所有这一切令格林斯潘更难实现他身为美联储主席的目标。在这4年里，美国经济日益恶化，而格林斯潘偏偏又在要紧关头忽视了一些苗头，最终美国经济陷入了衰退。

  最初美联储与白宫的关系尚佳，布什上任之初，政府内阁掌管国内经济政策的"三驾马车"是白宫幕僚长约翰·苏努努、预算局长理查德·达曼和总统经济顾问委员会主席迈克尔·伯斯金。这三位治理经济的理念和格林斯潘基本一致,都不喜欢庞大的政府计划,在一定情况下允许政府干预。他们三个人为布什制定了一整套经济政策思想,即:经济增长是神圣的,自由市场经济神圣不可侵犯,而自由贸易则应是美国的赞美诗。格林斯潘与他们有着共同的志趣,美联储采取的紧缩金融政策也使他在白宫的朋友们感到放心。

没过多久,随着美国经济陷入衰退,布什在公众中的支持率极速下降,舆论开始指责政府内阁的无能,苏努努成为攻击的主要对象。1991年12月,苏努努被迫辞职,财政部长布雷迪代替苏努努成为布什内阁的"三驾马车"之一。

联储主席想要和财政部长处理好关系非常不容易,因为总统主管国家的大政方针,对金融政策的各种细节并不完全了解,美联储的相对独立性主要受到财政部的威胁。联邦储备系统从1913年建立之初,直到1935年《银行法》出台之前,财政部长便一直都是美联储的当然成员,也就是说,财政部的意图干脆就是美联储会议桌上的议题。后来经过连续几任美联储主席的努力,联邦储备体系才一步一步摆脱了财政部的干预。尽管如此,财政部为了刺激经济,仍不断地试图通过各种方式和途径向美联储施压。

美国的经济体制特点是"大银行,小财政",从经济尤其是金融政策方面来说,中央银行的功能远远超过财政部,但财政部长是总统的内阁成员,而美联储主席则不是,所以财政部出台的各种经济政策常常与美联储的货币政策相抵牾。

从1987年一直到90年代中后期,美国财政部一直希望美元不要太强,他们希望把美元汇率降到最低,从而使美国的商品在国际上具有竞争力,以刺激出口,带动经济的发展。可是,美元贬值,必将引起通货膨胀,与美联储治理经济的目标冲突。美联储认为，经济发展是大家共同的愿望，美联储对此也乐观其成，但问题是经济发展应该处在一个长期稳定、没有通货膨胀威胁的环境中。

格林斯潘与布雷迪之间的关系，随着经济形势的发展变得越来越紧张。布雷迪希望能够把利率降得再低一些，借此削弱一直坚挺的美元，刺激出口，以弥补巨大的贸易逆差，而格林斯潘却时刻担心通货膨胀的到来，总是想要提高利率。布雷迪对美联储的离心离德非常不满。一次，格林斯潘出访俄罗斯，在莫斯科做了一个关于金融改革的讲话，在讲话中，他说中央银行相对于政府的独立是"最重要的"。布雷迪感到这话是冲他来的，气哼哼地说："我不能想象，一个人为什么跑到莫斯科，去说一些他在这里却不说的话。"

在布什任职的4年里，格林斯潘与白宫的关系如同绷足了弦的钟表发条一般紧张。格林斯潘在一次国会听证会上宣称，他在货币政策上"宁肯失之严，也不能失之宽"。布什对此反应道："我最近没有与艾伦交谈过，但我不想看到因为害怕通货膨胀就反应过度，导致经济增长受到损害。"1989年2月24日，格林斯潘为了抑制通货膨胀，宣布将利率由6.5%提高到7%，正在亚洲地区访问的布什总统在新闻发布会上对此公开表示了不满："我不能说，我对利率的提高感到高兴。"

白宫和美联储就这样龌龊不断，后来有人总结说，在历届美国总统与美联储主席中，格林斯潘与布什是关系最糟的几对中的一对。

失误的判断

格林斯潘在 70 年代因为背部不适,养成了泡澡的习惯,每天清晨,他都会泡在浴缸中,在氤氲的水汽里查看那些密密麻麻的数字。格林斯潘发觉这个时候他的大脑最为清醒,更能轻易地将这些庞杂无序的数字理出一个头绪来。

这些数据在格林斯潘的脑子中经过一番整理,就成了一张张的经济走势图表,图表中线条到达的终点,就是他冥思苦想所要寻找的答案。美联储前副主席布莱德说:"格林斯潘的思维就像是一个高明的厨师,把所有东西扔到锅里一搅,就成了一道名菜。"

1989 年春天的一个早晨,手持一大摞湿漉漉的经济数字的格林斯潘,得出了一个让人心忧的结论:通货膨胀的风险尚未离去,美国的经济发展速度却已经慢了下来,两者叠加在一起,演变而成的便将是可怕的经济萧条。

问题最严重的是商业银行领域。大量的商业银行在经济繁荣时期发放投机性贷款,由此埋下了隐患。80 年代中期,便有许多小型农业银行告急;到了布什上台,已有 206 家银行倒闭;1990 年,又有 159 家银行破产，其中不乏一些大银行，如拥有资产218亿美元的新英格兰银行和总部设在达拉斯市、拥有资产150亿美元的M财团，甚至连曾经世界最大的花旗银行也差点被那些坏账拖垮，不得不请求沙特王子阿瓦里德·本·塔拉勒紧急注入12亿美元资金。

陷入困境的各家商业银行在发放信贷上变得格外谨慎，甚至干脆停止发放贷款，改做购买短期国库券之类风险极小的投资。即便银行提供贷款，商家和消费者也无心借钱，他们早已经积债如山了。前美联储董事拉韦尔说，这段时期尤其困难，"人一旦失去了信心，就会谨慎起来。当时，借贷人和贷款人都格外小心翼翼。"由此产生的结果就是信贷短缺。

1989年6月，经济疲态尽显，格林斯潘不得不由紧缩银根改为放松银根，把联邦基金利率降低0.25个百分点。格林斯潘在提交给国会的半年经济报告中对此解释说，美国经济正在进入一个成长的缓慢期，当前经济衰退对美国的威胁，要大于通货膨胀的威胁，美联储的货币政策的改变便是为了防止更大的经济衰退。

在整个1989年秋天，美联储持续放松银根，但步子极为缓慢，每次都只降0.25个百分点，被人们讥讽为"婴儿的脚步"。市场并没有对美联储的政策做出积极反应，各家银行非但没有降低自己的优惠利率，反而继续购买短期国库券及其他风险小的债券，美联储降低银行间贷款利率的结果只是增加了两者之间的差价。美联储为了激活信贷市场，甚至将银行针对某些种类的存款必须拥有的储备金额减少了20%以上，希望多出来的钱能用于贷款。然而希望又一次落空了，银行始终不肯贷款，消费者也不肯借钱，美国的经济开始收缩，陷入衰退之中。

此时格林斯潘对时局的判断也出现了差错，在降低利率的问题上变得迟疑起来。在连续采取放松银根的政策之后，美联储开始担心过多地降低利率会引起通货膨胀。格林斯潘和他的同事们认为金融市场的最新迹象——长期债券利率上升和商品价格上涨——表明,通货膨胀可能正在到来,这使他们下定决心反对进一步放松银根。

于是1990年整个上半年,美联储不顾经济疲软的事实,坚持不再降低利率。尽管反对紧缩银根的呼声很高,而且市场上出现了信贷困难的情况,美联储仍固执己见。堪萨斯城联邦储备银行行长古费说,美联储正在"准确地完成反通货膨胀的任务",并且已经能够做到在控制通货膨胀的同时不造成经济衰退。

布什内阁对美联储面对经济疲软却无所作为的状况再也无法忍耐了,为了促使美联储尽快采取行动,布雷迪、伯斯金和预算局长达曼说服布什,使之同国会之间以最快的速度达成了一项削减联邦赤字的协议,增税1400亿美元,同时第一年减少赤字400亿美元,以后5年共减少赤字5000亿美元。这是格林斯潘一直以来的要求,格林斯潘认为,通货膨胀的根源在于政府财政支出超过收入过多,如果联邦赤字不减少,利率是不可能下降的。白宫官员以这一妥协力促美联储让利率以足够快的速度降下来。

可是,美联储却仍摆出一副紧缩的架势,仅仅同意把利率再降低0.25个百分点。很明显,这样小的步伐对日见衰退的经济来说只不过是杯水车薪。布雷迪对格林斯潘大为恼火,双方关系极其紧张,甚至曾一度断绝来往。

1990年8月2日,伊拉克入侵科威特,石油价格猛涨,美联储更加担心通货膨胀。美国经济形势正在急剧恶化,而格林斯潘却回避现实,对种种衰退迹象作出了错误的判断。1990年8月22日,格林斯潘在联邦公开市场委员会的一次会议上称:"我认为,现在可以比较有把握地对某些问题作出推测。我的意思是,那些认为美国已陷入衰退的人基本上可以说是错了。"事实上当时美国经济衰退已经持续了将近一个月,错的不是别人,而是格林斯潘自己。他称美国经济"正在滚动地作出调整",还有一次,他说"总产量在有意义地下陷"。格林斯潘不是不知道美国经济形势严峻,他只是不想用衰退一词。

美联储在经济预测方面出现了很大的失误,公开市场委员会对经济衰退没能够作出准确的判断,在消费者信心急剧下降时,没有及时地降低利率,结果美国不得不进入一场经济大衰退及几十年来最为缓慢的经济恢复。伊拉克入侵科威特后,衡量通货膨胀与失业综合状况的痛苦指数暴涨到10点以上;与此同时,会议委员会编制的消费者信心指数从1990年7月份的101点跌到8月份的85点,1991年1月时,该指数更下滑到54点。

1990年冬天,美国电话电报公司、数字设备公司和通用汽车公司等大型企业开始大批解雇员工,失业率涨至7%。1991年1月,布什在国情咨文中直接呼吁美联储:"应当降低利率,现在就降!"尽管美联储已经根据恶化的经济形势降低了利率。

美联储认为它需要"谨慎地放松银根",但布什认为,降息的幅度应该更大、速度更快。无论政府内外,越来越多的人同意布什的看法,认为格林斯潘未能充分认识到局势的严重性。《新闻周刊》刊登的一篇关于格林斯潘的文章,大标题写着:《对付衰退——用一把玩具枪》。

现在不仅仅是布雷迪激烈抨击格林斯潘和他的同事,连国会也加入了进来。1991年1月22日,格林斯潘在众议院预算委员会作证时,受到纽约州参议员德马托的申斥。德马托称美联储最近一次的降息"太少、太迟",他对格林斯潘说:"你名气太大,谁也不想对你直言……老百姓马上要挨饿,而你却担心通货膨胀。"

迟到的配合

1991年1月8日,美联储再次降息0.25%。8天后,远在中东的美国部队也开始了对伊拉克的空袭,此时国内经济衰退的趋势已经十分明显,格林斯潘终于开始转向了,做出大幅度降息0.5%的决定。这个决定未经过联储会议讨论通过,由此引发了地区联储主席的不满。

2月1日,格林斯潘打电话给公开市场委员会的其他委员,通知他们,他打算再把联邦基金利率降低0.5个百分点;与此相应,美联储贴现率也降低0.5个百分点。这是自衰退开始以来,格林斯潘所采取的最具进取性的放松银根行动。

布什政府对此喜出望外,但纽约联邦储备银行行长罗杰·弗格森和托马斯·梅尔泽等人却提出异议,他们批评格林斯潘越权,因为联邦基金利率升降多少是由公开市场委员会的12位委员决定的,而贴现率升降多少则由美联储的7名理事决定。他们质问格林斯潘,为何不经过全体委员的投票批准。他们认为美联储主席个人没有权力降低联邦基金利率,其他行长们也有类似看法,这些地区联邦储备银行的老总们认为格林斯潘与白宫的关系有些过于亲密了。格林斯潘认为，利率的调整不是每次都应该先放出风声，然后再进行一次全票通过的集体投票，这一次利率的降低，目的是要让民众恢复对经济的信心，若事前大费周章地召集大家投票的话，必将引起媒体的好奇和胡乱猜测，让民众的心理更加慌乱，降息促进消费的目的就不能达到了。格林斯潘认为，尽管美联储的规章在主席是否有权独立作出决定这一问题上界定得比较模糊，但的确授权美联储主席可以不经过委员会全体会议就采取行动。格林斯潘强调说，权力留给他足够的空间让他做自己应当做的事情。

格林斯潘的原则性受到了质疑，媒体开始纷纷炒作：美联储失去独立性了吗？格林斯潘在任期即将结束之际，会为了保住职位而向白宫妥协吗？《纽约时报》《华盛顿邮报》宣称，格林斯潘的权力已经受到了限制，当他要努力降低利率时，将面对严重的内部竞争。《华尔街日报》则发表了一篇题为《关于格林斯潘权力的争议如火如荼》的评论文章，声称银行总裁们拥有抵抗格林斯潘降低利率的自主权力。

格林斯潘成了暴风眼的中心，他在反衰退中的表现引起了广泛争议。反对格林斯潘的人说，格林斯潘改变了美联储一贯的权威主义作风，同时也使它在紧要关头失去了战斗力；支持格林斯潘的人则说，格林斯潘在相互冲突的利益集团之间进行平衡的技巧相当高明，在主要问题上他通常能够说服别人按照他的路子办事，虽然有的时候也会遇到困难。

格林斯潘努力配合白宫，一年中10次降低利率，联邦储备基金率也降到了4%——历史的最低点。海湾战争结束后，美国经济出现复苏迹象，工业生产指数开始回升，失业率逐步下降，这一好现象激发了美国朝野的乐观情绪，格林斯潘本人也认为经济衰退已经结束。

1991年7月10日，格林斯潘的美联储主席任期届满，尽管白宫与美联储之间口角不断，矛盾重重，但布什还是提名格林斯潘连任美联储主席。

可是到了10月，坏消息仍然接踵而来：制造业增长速度缓慢，失业人数猛增，零售市场疲软，高价耐用商品订货连续两个月下降，住宅销售情况也很不景气，银行贷款下降。11月15日，道琼斯指数更是暴跌120个百分点，引起了公众的恐慌心理。

此时，布什正面临1992年的总统大选，司法部长迪克·索恩博格警告布什：民主党人利用经济问题把他描绘成一位不关心国内问题的总统。美国的经济问题已成了共和党竞选的硬伤，他能否成功连任将主要取决于能否采取有效手段使美国经济摆脱衰退。

布什总统开始绞尽脑汁提高美国经济发展，在11月末的亚太之行中，他不遗余力地谋求打开亚洲市场，为美国人创造新的就业机会；接着，又在1992年的国情咨文中提出解救燃眉之急的刺激经济短期计划和保持经济增长速度并确保美国在世界上地位的长期计划。美联储也同时将优惠利率进一步降低到3%，竭尽全力推动经济的增长。经过格林斯潘和布什政府的一番努力，美国经济终于在总统大选前夕有了上升的势头。

可是这一切都已经为时过晚，在海湾战争中大获全胜、享有崇高声望的布什和共和党最终还是没有获得选民的信任，眼睁睁看着经济复苏的果实落到了名不见经传的阿肯色州小子克林顿的手上。

布什认为，格林斯潘未能及时降低利率，才造成了经济萧条，他把自己的落选完全归咎于格林斯潘，对此始终耿耿于怀。在1998年接受电视采访时，布什说道："如果当年降息幅度更大的话，我本来是可以再次当选的，因为当时已经开始的复苏会变得更加明显。我重新任命了格林斯潘，可他令我失望。"

第六章
权力和荣耀

聪明的阿肯色州小子克林顿赋予了格林斯潘比总统更大的权力,格林斯潘回报他的则是长达10年的美国经济零通货膨胀、持续增长。这一世界经济史上的奇迹令克林顿即便遭到了"拉链门",其支持率仍然高达70%!说实在的,有格林斯潘在,谁还会在意谁来当美国总统呢?一篇报纸头条说得好:"嘿,笨蛋,谁当总统都无所谓,重要的是格林斯潘仍是美联储主席!"

给总统讲经济

1992年,民主党在时隔12年之后,又重新夺得了管理国家的权力,年仅46岁的比尔·克林顿被选为第42任美国总统。

克林顿在竞选时期便已显露一个迹象,表明他处理经济问题的方式会与他的几位前任大不相同,他批评前几任总统没有对通货膨胀予以足够的重视,其中也包括上一任的民主党总统卡特。当然,他这样说有做给人看的意思,以此突出自己是所谓的新民主党人的形象。在1992年10月11日举行的首轮总统竞选辩论中,作为总统候选人的克林顿更向美联储伸出了橄榄枝,他赞扬美联储对经济所采取的对策:"我觉得,迄今为止美联储奉行的政策是很明智的。"与布什对美联储一肚子怨气不同,还没等到赢得大选,克林顿就开始拉拢美联储了。

克林顿赢得总统大选后不久,即邀请格林斯潘到他位于小石城的州长官邸与他一晤。由于前任布什总统刚任命格林斯潘连任不久,格林斯潘的任期要到1996年3月才届满,也就是说,他将在克林顿第一任期的大部分时间内,负责监督美元利率的起伏和美国经济的冷热。克林顿告诉副总统戈尔，他决定这次会晤除了他与格林斯潘外，不要任何人参加，希望通过这次会晤与格林斯潘建立一种融洽的关系。

1992年12月3日，格林斯潘飞抵阿肯色州——他对于私下会晤新当选的总统没有任何思想上的顾虑。格林斯潘一向认为，改善与行政部门的关系对美联储只有好处。两人从波斯尼亚、索马里、俄国的历史，到就业训练及教育等问题，一来一往谈得很投机。

克林顿比格林斯潘整整小了20岁，是一个遗腹子，出身贫寒，和格林斯潘一样由母亲抚养成人，曾就读于英国牛津大学，获耶鲁大学法学院法学博士学位，当过律师、教授、阿肯色州州长。克林顿是一个非常有政治天赋的人，他知识渊博、头脑冷静、办事果断。阿肯色州虽然是美国最小最穷的州，但在克林顿的治理下发展迅速，克林顿因而荣获"1987年最佳州长"称号。克林顿年富力强而又充满朝气，是第一位"美国新生代"总统。

按照原定计划，这次会晤时间大约为一小时，但曾经先后服务于尼克松、福特、里根和布什4任共和党总统的格林斯潘，很快发现克林顿是一位风格完全不同的总统，和他聊天是一件快事。不知不觉间，两人的谈话持续了两个半小时。格林斯潘向克林顿介绍了他的宏观经济政策理念，并向他解释为什么决定经济增长的关键在于长期利率的高低。格林斯潘告诉克林顿，在各种推动经济发展的手段中，长期利率下降所起到的作用远远超过任何其他措施，话题由此转到格林斯潘最关心的问题——预算赤字上。格林斯潘告诉克林顿，如果政府财政赤字规模过大，金融界担心通货膨胀，对政府的信任减少，长期利率就会上升，经济必然走下坡路；财政赤字的规模如果能够控制在一个很小的范围内的话，金融界对政府政策和经济的前景就会变得充满信心，长期利率因而下降，企业投资和个人消费增加，经济便会走向繁荣。克林顿听得津津有味。

格林斯潘向新当选的总统解释说，财政赤字挤掉了其他类型的投资，政府等于是向国民借钱，而他们本来可能会选择把这笔钱用于其他地方，例如消费，例如向私营部门投资。近些年来，政府赤字飞速上涨，1992年财政年度赤字已接近3000亿美元。只要赤字居高不下，美联储就很难有所作为，因为长期利率不再与美联储控制的短期利率同步下降，而正是长期利率——抵押房屋贷款者与借贷公司支付的利率——才对美国经济的健康具有生死攸关的意义。

格林斯潘认为，当前美国银行间贷款利率已一路下跌到3%，再继续降下去对经济的刺激作用也很有限，等于白送钱。美国经济当前萎靡不振的根源就在于此，由于赤字庞大，长期利率里已含有通货膨胀的溢价，一直在高出历史水平几个百分点的地方上下浮动，只有削减赤字，长期利率才会随之下降，经济才会加快增长势头。

格林斯潘和克林顿两人，虽然年龄相差了整整20岁，但在很多方面却有着共同的语言：两人都喜欢分析各种细枝末节，都是政策研究狂，同时又都很务实——格林斯潘虽然是位老共和党人，一贯秉承自由主义的经济理念，但这并不妨碍他在必要的时候支持干预经济；克林顿属于激进的民主党，但在他执政的8年内，自由经济却得到了极大的发扬。两人都喜欢音乐，善于吹奏萨克斯管，尽管格林斯潘在放弃了当一名专业乐师的幻想后，很少再摆弄它；克林顿从来没有参加过专业演出，但当上总统后，仍时不时捧着萨克斯管吹奏一曲，不管是在盛大的外交场合还是在音乐电视节目上。

克林顿入主白宫后，曾两次悄悄打听过是否能把爵士乐大师盖茨（格林斯潘年少时的好朋友）的萨克斯管借来吹吹，盖茨的女儿麦戈文斩钉截铁地说:"他的嘴唇甭想碰我父亲的萨克斯管一下。"

在小石城做客的格林斯潘则给足了这位新任总统面子,一番畅谈过后,他留下来和克林顿一起共进午餐。

格林斯潘在布什上任之初,也曾主动提出与他的过渡班子讨论削减赤字问题,但遭到了回绝,这次克林顿对他洗耳恭听,令他十分高兴。格林斯潘对这次会晤很满意。事后,他私下对朋友说,克林顿知识渊博,对经济问题的了解超过他曾经为之工作过的 4 任总统。

克林顿对这次谈话也很满意,他充满自信地告诉副总统戈尔:"我可以与格林斯潘共事。"他赞扬格林斯潘熟知美国的经济情况,精通业务,为人稳重可靠,超越政治。

短暂的蜜月期

不久,克林顿依照格林斯潘在小石城会晤时提出的建议,决定提高汽油税并对高收入阶层适度增税,同时向国会提交了削减预算赤字和刺激经济两者齐头并进的经济复兴法案。

格林斯潘对此投入了极大的热情,他甚至连削减多少预算都为克林顿政府内阁计算好了:每削减1000亿美元的赤字,长期利率会下降大约1%。财政部长本特森、经济委员会主席鲁宾及克林顿经济班子的其他成员认真听取了格林斯潘的建议,并研究实施的各种细节,最终定下了一个削减预算的指标:到1997年财政年度将赤字减少1450亿美元。

格林斯潘与克林顿政府内阁相处融洽,他和本特森不仅恢复了美联储主席与财政部长每周一次的工作早餐,还成了一对网球球友。本特森定期就削减赤字问题征求格林斯潘的意见,然后再转达给克林顿及新政府经济班子里的其他成员,包括行政及预算署署长帕奈塔、经顾委主席泰森和新总统成立的国家经济委员会主席鲁宾。

克林顿尽管赞成削减政府预算赤字,同时也对采用凯恩斯式的方法刺激经济非常感兴趣,但一项刺激经济的一揽子计划必然会导致政府增加开支,从而进一步扩大财政赤字。克林顿政府内部就经济问题分成了两派:一边是以鲁宾为首的经济班子,主张压缩财政开支、削减赤字;另一边是以希拉里和劳工部长赖克为首的政治班子,主张扩大政府开支,增加赤字。克林顿居中,兼听双方的意见。

最终克林顿向国会提交了一份双方意见兼而有之的方案,既有削减赤字的内容,又包括了刺激经济的计划。克林顿后来在回忆录中论及这一方案时说:"虽然有很多令人信服的理由证明这一方案将会成功,但是这个在我总统任期内最重要的一项决策,仍然是一场大赌博。"克林顿非常担心这项法案是否会造成短期经济衰退,从而影响1994年国会中期选举。

为了增加胜算,克林顿决定拉美联储为这一法案背书。

1993年2月15日,格林斯潘再次接到克林顿的请柬——两天后新总统要在国会宣读他的头一份国情咨文,克林顿邀他出席。格林斯潘欣然抵达国会时,一位侍者把他引到事先安排好的席位上。他的座位在包厢里的A6号,总统夫人希拉里和副总统夫人蒂珀中间。格林斯潘大吃一惊,这个位置太引人注目了。整个晚上,各大媒体记者的镜头都对着他,每当克林顿强调某一点,需要听众报以掌声时,摄像机的镜头就会对准希拉里、格林斯潘和蒂珀,格林斯潘不得不三番五次地起立,为克林顿提出的各项计划和提案鼓掌。

第二天,批评格林斯潘的声浪滚滚而来。舆论普遍认为,他的行为令人对美联储的独立自主性感到担忧。为了避嫌,美国最高法院的大法官常常不去国会倾听总统的国情咨文,历届美联储主席通常也予以回避,前美联储董事拉韦尔回忆说:"艾伦尴尬极了。我觉得他是被人利用了,可能他事先只是想到:'这么一个历史时刻,我可不想错过。'等他到了现场,看到自己的座位后,才慌乱起来……克林顿作出这种安排,等于向所有人宣告：'这里坐的是我的哥儿们艾伦。'他想告诉大家：'格林斯潘是我的人。'"

格林斯潘对此深感不安，因为在某种程度上，公众的疑虑对市场的影响非常致命。

尽管如此，在8月份国会对赤字削减计划的审核上，格林斯潘还是对克林顿予以了支持。国会否决了一揽子计划中刺激经济的部分，使剩下部分化为一项可信的、严肃的预算法案。该项法案基本上没有限制政府的巨额开支，它只是把削减赤字与增加2410亿美元的税收相挂钩，规定在今后5年内，削减赤字4960亿美元，大约每年1000亿美元。这对白宫来说是个好消息，更令克林顿高兴的是，格林斯潘是共和党中唯一支持他的人。格林斯潘和克林顿结成了互利互惠的同盟，他帮助克林顿制定和推行"长期债券市场战略"，克林顿让他得到了仅次于总统的权力。

然而，克林顿政府与美联储的蜜月期并没能够坚持多久。美国的经济在第四季度开始加速恢复，年增长率达到了6%，格林斯潘顿时又提高了警惕，依照美联储的惯例，如果经济增长率超过2.5%，失业率低于6%，就要做好抑制通货膨胀的准备了。

1994年1月，格林斯潘告知克林顿及其经济顾问们，美联储准备提高利率。这个决定一出，克林顿登时怒不可遏，他认为这是格林斯潘在背信弃义。克林顿觉得，该他做的事他都已经做了，国会通过了削减赤字的预算法案，正如格林斯潘设想的那样，长期利率随之下降，如今美联储却要提高短期利率！通货膨胀根本是子虚乌有的事，1993年，消费者价格指数的增长率仅为3.3%。

格林斯潘提高利率确实有他迫不得已的原因。截至1994年1月底，美联储已连续18个月没有调整利率了，时间之长创历史记录，这段时间里，利率一直保持在3%。由于从衰退走向复苏的过程十分缓慢，美联储才能够如此压低利率,若按通常标准来衡量,3%的利率对放贷银行来说实在是异乎寻常的低。

格林斯潘担心,长期放松银根可能会触发新一轮的通货膨胀,一些早期的预警指标已经越来越明显:人们开始加班、工业产品延误交货的现象越来越频繁、卡车运输行业吃紧……种种迹象显示,经济复苏的速度比预想的要快。尽管在绝大多数人的眼里,经济仍处于缓慢的复苏阶段,但格林斯潘担心,经济已露出过热的微弱苗头。货币政策从实施到生效有一个时间差,从3个月到2年时间不等,若要抑制通货膨胀,就得提早采取行动,等通货膨胀袭来时再动手就太晚了。

不管克林顿总统愿不愿意,进入1994年,美联储开始加息,2月、3月和4月各加0.25%,5月和8月又各加了0.5%。

克林顿怒火中烧,迫不及待地想在公开场合抨击美联储主席,就像当年布什做的那样。鲁宾等人劝阻了他。前行政预算署署长、布鲁金斯学会高级研究员里夫林说:"我们都劝他不要鲁莽行事。我们告诉总统,公开评论利率或美联储的政策是不合适的。"

事实证明,克林顿的经济顾问们的意见十分明智。格林斯潘一向被人看做是反通货膨胀的坚兵,如今人们开始怀疑他是不是一个反通胀狂。著名的访谈节目主持人林博称格林斯潘患了"通货膨胀妄想症",各家报纸和杂志纷纷批评格林斯潘与臆想中的敌人作战,《时代》杂志刊登了一篇文章,题为《打错了敌人?》,认为格林斯潘过于担心通货膨胀会扼杀经济的复苏,预防通货膨胀是"在错误的地点、错误的时间与错误的敌人打一场错误的战争"。克林顿根本不需要自己出面,整个公众舆论都站在他这边。

权力之争

  1994年是中期选举年,格林斯潘连连加息,导致民主党在中期选举中惨败,不仅在参议院失去多数,而且在控制几十年之久的众议院也成了少数。众议院民主党的核心成员,包括议长弗利和司法委员会主席洛克斯等人纷纷落选。民主党对此大为光火,冈萨雷斯纠结了一批国会议员,对美联储的加息政策横加干预,不断地向美联储施加压力,国会动辄就传格林斯潘及美联储的董事到国会作证。参议员保罗·萨巴尼斯怒气冲冲地对格林斯潘嚷道:"每当经济刚出水面的时候,你就跑出来,一手把它按下去!"

  国会议员与美联储之间的摩擦由来已久,美联储是国会创建的,制定货币政策的权力也是国会给的,但联储主席们在作决策的时候往往并不在意这一点,国会不得不经常提醒一下,他们到底该对谁负责。一次,道格拉斯参议员递给美联储主席马丁一张条子,上面写着:"美联储是国会的一个机构。"随后,他又给了马丁一截胶条,好让他把这张纸条粘在卫生间的镜子上,随时提醒自己。

  美联储认为,制定货币政策是极其复杂的事,外界对决策过程了解得

第六章
权力和荣耀

越少越好，这样才能产生出其不意的效果。例如，沃尔克决定大力整治通货膨胀，是在星期六临时召开的一次记者招待会上突然宣布的。

国会需要监督美联储的一举一动。依照法律，美联储的官员们必须定期去国会的各委员会接受质询，解释联储的货币政策。坐在联储主席这个位置上，格林斯潘注定要与国会口角不断，此次对通货膨胀采取的先发制人的措施使摩擦大大升级。联储为了对付统计数字上尚未显示出的通货膨胀竟不惜牺牲经济复苏，国会对此大加鞭挞。

对美联储抨击最激烈的要数民主党议员冈萨雷斯了，作为众议院银行委员会的主席，冈萨雷斯很快提出一系列加强美联储责任制的措施。他呼吁联邦公开市场委员会在会议结束一周后公布详细的会议记要，而不是六周后公布含糊不清的摘要；他建议联邦公开市场委员会的会议一律录像；他还提出一项旨在促使美联储成员多元化的议案，讥讽美联储是"老同学关系网"，"妇女和少数族裔对美国奉行什么样的货币政策以及如何管理银行几乎没有任何发言权"。

声望掉到了最低点的克林顿也没有善罢甘休，作为总统，他有权决定美联储主席和各位董事的人选。他很快得到了一个任命美联储副主席的机会。克林顿相中了普林斯顿大学的经济学教授布林德。布林德是坚定的自由派人士，曾在克林顿政府的经顾委里任过一段时间的委员。

布林德到美联储走马上任后，很快便因为与格林斯潘领导下的美联储格格不入，受到同仁们的排挤。

格林斯潘在维护自己的权力方面技艺超群，他总是举止沉静，让人误以为他不热衷于政治，其实格林斯潘非常善于以他特有的谨慎方式不动声色地达到自己的目的，像美联储这样派系林立的机构，没有心机的人是根本不可能坐稳头把交椅的。他对这个克林顿安插进来的外人，早已想好了对策。

布林德毫无察觉,时常发表些令其他同事不快的言论,甚至和冈萨雷斯一起呼吁增加美联储透明度。布林德说:"我们作出决定后,没有一个政府部门可以改变这一决定。我觉得,单从这一点来说,我们也应该有一种责任感,向人们说明我们的意图是什么,为什么要作出这一决定,为什么我们认为这样做是对的。"布林德告诉《纽约时报》:"我与美联储其他同事最大的分歧在于是否需要扩大美联储的透明度。我认为,美联储应当与外界有更多的交流……然而这一机构的一向做法是三缄其口。"这些话不仅令他的同僚们不快,也惹恼了华尔街的银行家们——他们是美联储真正的股东。

　　美利坚银行首席经济学家利维说:"布林德来到美联储就任副主席时,不免有点幼稚。美联储是一个相当保守的机构,我不知道布林德是否了解这一点。"

　　不久布林德便在美联储成了孤家寡人。1995年底,他不得不从美联储离职,继续返回普林斯顿大学教书。

　　1996年,格林斯潘的任期即将结束,克林顿却找不到比他更合适的人选来接替,不得不提名格林斯潘连任美联储主席,但他仍决心要给格林斯潘配一个合他心意的副主席,这次代替布林德的是支持政府积极参与解决经济问题的罗哈丁。克林顿认为,由格林斯潘和罗哈丁组成的美联储班子比较平衡——格林斯潘是头号的反通货膨胀鹰派,而罗哈丁作为美联储副主席,可以推行促进增长和创造就业的经济政策。总统选举马上就要开始了,克林顿想对美联储多少施加一点影响。

　　这个平衡名单一提出,无论政府内外都表示强烈反对,罗哈丁不得不主动请求撤回对他的提名。克林顿只好另外又提名了一位没什么争议的人选——行政预算署署长里夫林。

　　参议院议员哈金仍对2年前中期选举中民主党的惨败怀恨在心,坚持对美联储采取的预防通货膨胀措施表示不满，要求就货币政策问题加以辩论，结果导致对格林斯潘和里夫林的任命又往后推迟了几个月。1996年6月20日，参议院批准了格林斯潘第三次出任美联储主席。

这场政治宫斗以格林斯潘的胜利而结束。如果说他做出了某些让步的话，那就是在冈萨雷斯等人的压力下，美联储朝着扩大自身透明度迈出了步伐。格林斯潘同意公开5年前的联邦公开市场委员会会议的详细记要；同意联邦公开市场委员会在开会当天下午2点15分公布会议结果，这意味着美联储的观察家们再也不需要花上6周的时间猜测美联储是否准备改变利率；美联储内担任高级职务的妇女和少数族裔人数也增加了。

《纽约时报》在1996年1月18日刊登的基思·布拉德舍的《艾伦·格林斯潘的艺术和科学》一文中指出："目前，看来机会非常有利于格林斯潘，事实证明他作为政治家与作为经济学家一样精明。即使两党斗争非常激烈，格林斯潘在两大阵营之间也能行动自如，一点也不偏离他公开宣布的在控制通货膨胀的同时促进经济发展的目标。"

文章说，格林斯潘这个人很难预料，有人说他并不总是言行一致，他要求政府尽量少干预经济，可他自己却没完没了地变动利率调整经济；格林斯潘还为自己早就成了华盛顿的圈内人而感到得意。他讲话颇有分寸，沉稳坚定地追逐着经济核心地位，与此同时，他也从未放弃个人的自由意志和观念。

三人"拯救世界委员会"

出色的表现使格林斯潘最终获得了克林顿的好感和信任。克林顿和他的智囊团渐渐领悟到,与联储对抗绝非好政策,因此确立了"不与联储冲突"的信条,以善待格林斯潘和他领导的联储,而格林斯潘也尽可能地与克林顿班子配合,双方关系越来越亲密。

格林斯潘从来都不是克林顿的经济顾问,因为联储是由国会立法保证的独立机构,但是货币政策的重要性又使联储需要和政府保持密切的联系,相互通报信息,根据对方的政策措施及时作出反应,格林斯潘实际上对经济决策有重要的影响。

克林顿称他和格林斯潘就像是美国著名剧作家尼尔·西蒙笔下的"奇异的一对",美国国内舆论甚至称格林斯潘几乎成了克林顿的导师——他提出建议,克林顿根据这些建议采取行动,然后格林斯潘又在国会表示赞许。

格林斯潘与克林顿政府两任财政部长本特森和鲁宾也建立了密切的私人关系,常常和他们一边打球,一边谈论金融政策及金融理论。

鲁宾是白宫经济政策的重要决策者,他在财政部长的位置上一直干到

1999年底，被认为是对克林顿政府最重要和最有影响的幕后人物。克林顿称赞他是"我们的经济班子的班长"，这个经济班子是"我自1992年以来最感骄傲的成绩之一"。来自华尔街的鲁宾从来都高度评价和十分尊重格林斯潘。克林顿1996年再次任命格林斯潘担任美联储主席一职，鲁宾在其中起了关键作用。同样，在1997年亚洲金融危机中，格林斯潘也支持了鲁宾处理这场危机采取的策略，格林斯潘认为给这个地区提供金融帮助符合美国的最大利益。格林斯潘与鲁宾的私人关系非同一般，可以用"惺惺相惜"一词来表达。

当然，美联储主席和财政部长两人之间也会有矛盾和冲突。1998年，在参议院银行委员会的听证会上，关于混合银行、保险和其他金融服务的新型集团的合适结构问题，格林斯潘和鲁宾各持己见、互不相让。

由于克林顿政府正准备根据《金融机构改革与复兴法》积极对金融业进行改革和整顿，推行向金融业倾斜的政策，从而使美国银行和银行控股公司特别是商业银行的实力及在全球竞争中的地位大大提高，使一大批新型银行家脱颖而出。银行系统进行资产重组，走大规模合并的道路，因而这是一项非常重要的议案，用鲁宾的话说，这项法案通过后，将在很长一段时间内事实上成为金融业的"宪法"。

鲁宾认为，应该允许金融服务公司选择银行控股的公司，或者选择把其他金融业组织成"银行直属子公司"；而格林斯潘则认为应该把非传统的银行活动置于"由银行控股的附属公司"中。格林斯潘认为，银行精明地知道在内部经营非传统业务的"特殊好处"；而鲁宾则认为，许多银行的管理层偏好后一种机构，而较小的社区银行，担心控股公司结构会带来额外成本。

格林斯潘警告说，子公司的结构可能扩大由纳税人资金支持的银行保险存款的"安全网"；而鲁宾不以为然，建议参议院银行委员会就此事征求法律顾问的意见。他说,不管子公司的亏损有多大,它对银行本身的影响不会比控股公司更大。

两人各有依据,互不相让。美国各媒体竞相报道:"财经界两位大佬6月17日在国会山上针锋相对。"参议院银行委员会主席达马托对此大为惊讶,说:"想到两位世界顶尖的专家在这个领域居然不能达成一致,这实在让人不能接受。"

其实双方争论的关键,在很大程度上,是联储与财政部的权限之争。众议院的法案使联储在美国银行和金融业的监管中,承担更主要的角色,而财政部的权力则受到削弱。克林顿和他的政治盟友们的目标,是保持利率尽可能长久、尽可能低,而格林斯潘的目标,则是保护联储实现货币稳定的长期目标的能力。

在绝大多数时间,格林斯潘与鲁宾等克林顿的经济顾问们的关系都非常融洽,白宫方面对联邦储备委员会的政策总是能够欣然接受。财政部长鲁宾与副手商量是否发行浮动的保值债券时说:"我们需要请教格林斯潘一个技术问题,因为他对市场很熟悉,并且他有良好的判断力。"

1999年6月,格林斯潘决定将利率提高0.25个百分点,以遏止经济的过分增长。克林顿总统得知消息后,向鲁宾等总统经济顾问团询问道:"真的有必要这样做吗?我看不出有任何通胀的迹象。"鲁宾和国家经济委员会主席斯珀林等人当即为格林斯潘的加息决定辩护,他们告诉克林顿,这是一件好事,因为这能维持经济长线扩张。

对克林顿政府的经济政策有影响的另外一位著名人物是劳伦斯·萨默斯。萨默斯的父母都是美国经济学家,叔叔保罗·萨缪尔森和舅舅肯尼思·阿罗更是诺贝尔经济学奖获得者。萨默斯28岁时就成为哈佛大学的终身教授;1991年担任世界银行首席经济学家;1995年,萨默斯担任财政部副部长,是制定和执行政府政策的最有影响的人物之一;他于1999年接替鲁宾主政美国财政部。

每周四早上,格林斯潘、鲁宾和萨默斯三人都要聚在一起吃早餐,三位财经顶尖高手脑力激荡,对全球经济形势构思绝佳的对策。格林斯潘、鲁宾和萨默斯都喜欢并擅长冷静地观察分析问题,而很少被感情或政治因素所左右。他们在一起讨论经济、美元,以及"世上所有的事情",时不时也会放松一下,幽默一番。有人说,这个三人小组负责"使投资者极度兴奋,或许抱有幻想而在这个过程中感到高兴"。

1999年,格林斯潘、鲁宾和萨默斯三人成了《时代周刊》的封面人物,并被称为"拯救世界委员会"。文章详细描述了三人在阻止始发于1997年的那场金融危机中的所作所为,称赞他们联手合作制定出避免经济灾难的政策并创造了世界金融稳定,从而保证了美国空前的繁荣。对此格林斯潘幽默地回应说:"如果经济衰退的话,我们将被冠以'摧毁世界委员会'的恶名。"

世界级的名人

虽说格林斯潘是金融界的泰山北斗,且洞察世事,但是 1997 年突然爆发的一系列席卷全球的金融灾难,也使他感到十分棘手。格林斯潘在作出决策之前更加谨慎小心,广泛吸取各方面的意见和资讯。他很清楚,自己所管的是美国货币的"水龙头",而美国又是全球经济的"龙头",在经济动荡的起落中煎熬的华尔街、美国民众乃至全球民众,都对这个戴着黑框眼镜的瘦老头拭目以待。

进入 1998 年以后,经过长时间的跟踪研究,格林斯潘确信长期持续增长的美国经济可能走向停滞或下降,他开始采取措施,力图防止形势恶化。11 月 17 日,美联储决定降低短期利率 0.25 个百分点,将联邦基金利率从 5%下调到 4.75%,并把商业银行的贴现率也下调 0.25%,这意味着,广大消费者和小型企业借贷的代价减小。

美联储接连几次降息,对华尔街来说无异于雪中送炭,股市立即强劲反弹,不仅将近期的萧条气息一扫而光,而且与其他国家的股市相互促进,呈现出一派繁荣景象。

媒体称赞说："经常被批评走在曲线后面的格林斯潘，现在走在曲线前面了。"这表明格林斯潘及其领导的联储"愿意在麻烦到来之前，就开始扣动扳机，而不是等到潜在难题出现以后"。

1998年下半年连续3次降低利率，犹如给愁云惨淡的美国股市注射了一针兴奋剂，让美国这个世界经济的领跑者始终保持着强劲的增长势头，经济发展仿佛进入了开阔水域，高科技产业千帆竞发，乘风破浪，勇闯东亚金融风暴险滩，有惊无险，势不可当。道琼斯工业股票指数从1991年的3000点起步，到2000年2月已突破10000点大关；纳斯达克综合股票指数从500点起涨，2000年已高达5000点。股市空前繁荣，一时造就了无数科技新贵和百万富翁。在美国的带动下，其他国家也很快缓过劲来，纷纷走出了分崩离析的阴影。

格林斯潘一下子成了世界名人，家喻户晓。在许多国际金融会议上，格林斯潘总是被推崇为一位海外的神话人物，是带领世界上最大的经济实体走向令人艳羡的蓬勃发展的奥林匹亚式的人物。在美国国内，格林斯潘也成了英雄，各种表扬格林斯潘的言论滚滚而来。《财富》杂志发表了一篇题为《我们信任格林斯潘》的文章，写道："总统候选人们从这个州窜到那个州，利用我们缺乏经济安全感的心态，大肆兜售种种稀奇古怪的经济方案，从单一税制到恢复金本位，到19世纪时的贸易保护主义，信誓旦旦地向民众保证自己的方案可以让经济再现辉煌，而对手的经济方案只会毁了这个国家。在华盛顿，国会和克林顿政府也是一头雾水，已经晚了6个月，还没有制定出下一年度的财政预算案，更不要说今后7年的预算了。与此同时，市场也是上蹿下跳，犹如一只饥饿的幼犬。

"感谢上帝，我们还有格林斯潘！格林斯潘仍将继续执掌美联储，而美联储则可以称得上是我国经济的起搏器。对美国经济而言，格林斯潘的连任甚至比谁在11月赢得总统大选更为重要。这个消息到底有多好？本刊刚刚做了一次民意测验，结果表明，《财富》100强公司的首席执行官中，有96%的人支持格林斯潘连任美联储主席，超过半数的人给格林斯潘在美联储的表现打了A，只有不到1%的人认为今年有可能出现经济衰退……美联储理事劳伦斯·林赛称：'如果你的评分标准是一个人而不是神所可能企及的成就，格林斯潘绝对可以得A。'"

《商业周刊》的文章标题写道：《艾伦·格林斯潘让世界勇敢》。

从1991年4月到2000年2月，美国经济持续增长107个月，成为美国经济史上自1854年发生周期性经济波动以来最长的一次持续增长期。有人直言不讳道："嘿，笨蛋，谁当总统都无所谓，重要的是格林斯潘仍是美联储主席。"

一个实实在在的数据是，在1996年的总统大选中，美国选民的投票率只有49%，约1亿人左右，但却有1.3亿美国人投资股票市场，就此而言，美联储主席格林斯潘才是真正意义上的美国总统。

股市，一言而兴之

格林斯潘成了金融界呼风唤雨式的人物，"他一开口，全球投资人都要竖起耳朵；他打个喷嚏，全球投资人都要伤风。"格林斯潘讲的某一句话或反复提到的某个词汇常常令股市为之一振，甚至暴涨或者暴跌。尽管经济界人士都知道，格林斯潘的职责所在不是股市，而是经济的基本面，但是股市却常常因为他的某一句话而产生剧烈的波动。

自从格林斯潘发表了"非理性狂热"的评论后，他左右股市的能力甚至到了神乎其神的地步，无论他初衷如何，最终结果是股市随着他吐露的每一个字或沉或升。

1997年7月22日，格林斯潘在国会作证时，捎带了一句："美联储对过量信贷的增加保持高度敏感。"投资人纷纷竖起了耳朵，分析格林斯潘讲这句话的微妙之处。

在格林斯潘就经济状况和货币政策发表证词的前一天，市场异常平静，大家都在观望。在格林斯潘引发市场暴涨或暴跌的前夜，没有任何投资者会采取大举动。

格林斯潘的讲话一贯含糊而模棱两可，但精明的投资人还是从格林斯潘这句话的前半句，即"极好的经济形势"中，发现了玄机。莱曼兄弟公司的证券顾问乔·肯特说："他们（美联储）既不会紧缩银根，也不会放松银根，总体讲证词是不偏不倚的。"波士顿第一瑞士信贷银行的麦克·克罗蒂也持相同意见："在短期内，没有任何迹象表明他会在8月份的会议上紧缩银根。"

显然，格林斯潘的一句"经济走势强劲"成了一针兴奋剂，使证券交易商欣喜若狂、兴奋不已。几年来美国经济一直保持良好的增长势头，国内生产总值增长率很高、通货膨胀率很低、失业率很低，更为重要的是，格林斯潘的习惯做法是在经济处于正常运行轨道时宣读报告，总是先报告好消息。

这一天，道琼斯工业指数以略高于7900点开市，之后不久便一下子攀升到7950点，然后在7925~7975点之间震荡徘徊。格林斯潘下午2时开始讲话后的几分钟内，道琼斯指数突破了8000点大关，到2点40分左右又越过了8050点。当天下午4点闭市钟声敲响时，道琼斯工业指数高居8061.65点，比开盘时高出154.93点，增长了2%。与此同时，30年的龙头证券上升122.32点，即每1000美元的证券升值了16.875美元。

随后一天，即在格林斯潘引发牛市的第二天，道琼斯工业指数继续暴涨，仅开市后的半小时之内便涨了75点，但紧接着出现下跌，股值低于开市点，尔后又回升了35点，并在此稳盘锁定。人们有些恐慌，均以为误解了这位主席前一天的讲话，而格林斯潘在参议院金融委员会宣读证词的第二部分时重申了他前一天的讲话精神，并没有暗示市场对他的意图有所误解。于是，在格林斯潘发表证词的两天内，道琼斯指数一直保持在181.64点的增幅上，最终创下了8088.36点的纪录。所罗门兄弟公司的大卫·舒尔曼高兴地说:"我们从格林斯潘本人那里得到了两次绿灯。"

1998年9月,华尔街遭遇了一场风暴。8月31日,纽约股票市场收盘时下跌了38%,纳斯达克综合指数下跌了49%,比1987年、1990年的情况还要严重。

9月1日,道琼斯指数下跌达20%,进入熊市,收盘时上升/下跌幅度达到3位数。

9月2日,市场价格波动巨大,主要工业指数下降了45.06点。

9月3日,道琼斯指数下跌100.15点,比7月份水平下降17.73%,比全年水平下降2.86%。

9月4日,华尔街股价又是狂跌。

《华尔街日报》引用一位大投资公司经理的话来评论这几天的惨重损失:"我们认为股市不会在一夜之间苏缓过来。"

此时格林斯潘正在加州大学的伯克利分校发表演讲。格林斯潘讲道:"现在的低通货膨胀和即将到来的衰退显然表明,我们应当下调利率。"格林斯潘说,"如果不再受通货膨胀的威胁,且在几个月的滞胀后,欧洲和日本经济秩序仍不见好转,那么波及两大洋的衰退就会造成更大的威胁:在世界其他地区经济压力日益加重的情况下,美国不可能继续维持一个'繁荣的绿洲'。"

"繁荣的绿洲",这个关键的词汇起到了决定性的作用。格林斯潘的一番讲话让正在交易中的远东地区股市顿时暴涨,9月7日,日本的日经225指数上升了5.3%,升至14790.06点,紧接着又在第二日上升342.66点;香港股市9月7日上升了7.85%,第二日又继续直线上升;马来西亚证券市场在9月11日上升了16%,到下一个星期一则继续攀升,升幅高达23%……受到波及的国家(地区)的交易所有10个之多。欧洲和非洲也受益匪浅，17个大型交易所，除爱尔兰之外，其余的交易所行情全部上扬。

在格林斯潘的讲话中，一个关键的意思就是美国对世界范围内的萧条将不会扮演一个看客，坐视不理。格林斯潘并没有把这层意思表达得很清晰，但善于揣摩的投资人很快便看出，受到萧条加剧的压力，美国要保持自己"繁荣的绿洲"的地位，便需要降低利率刺激经济。投资者受此鼓舞，于9月8日开始大量购入股票。收盘时，整个交易所欢声雷动：道琼斯指数上涨380.53点，上升34.98%，这是从1987年股市大跌以来最大的增长比例，也是历史上最大的点幅增长。同样，拉塞尔2000指数上升4.28%；标准普尔500指数的上升幅度超过了5%；而纳斯达克综合指数则创下新高，上升94.34点，一天之内涨幅超过6%！格林斯潘的一番话打开了股市暴涨的闸门，人们将其称之为"格林斯潘反弹"。

1999年2月11日，股市又一次对格林斯潘当天的评论作出了正面的诠释，纳斯达克指数随之上涨了96点，达到2406点，创当时一天上涨幅度之最。两周后，随着格林斯潘暗示美国经济"在某些方面颇为吃紧"，"早晚会出问题"，道琼斯指数马上下跌了145点，以9400点收盘；纳斯达克指数跌至2339点，损失37点。

有时，格林斯潘没有什么好说的本身就是好消息。1999年7月27日，格林斯潘出席了国会的听证会。这次听证会气氛还算平和，没有尖刻的批评或是警告，结果也在人们意料之中，消息传出后，纳斯达克指数上涨了1%。

格林斯潘对自己的讲话影响如此之大也有些暗伤脑筋，他为此专门指派了一位助手在他出席国会听证会期间负责监测股市的走向，倘若他的某点评论对股市造成不利影响的话，他可以中途改口。

在华尔街有一个传说："格林斯潘领带的颜色可能就是问题的答案：红

第六章
权力和荣耀

色意味着上调利率，蓝色意味着下调利率，带有斑点的领带表示利率没有变化。"当然，这只是个幽默，但如何才能听懂格林斯潘的话确实是投资家们的一堂必修课。有人开玩笑说，一门新的学科即"格林斯潘学"已横扫整个投资界，投资者们都努力从这位主席的讲话和言谈举止中得到信息。市场下一步会怎么样呢？准确预测其波动只有一个方法——盯住一个叫格林斯潘的怪人，无论他说什么，都会导致数量庞大的交易商向同一方向猛冲过去，例如，如果格林斯潘说"我肚子疼，给我弄片止痛片来"，那么你就应该马上把手头所有的股票卖掉。

"影子总统"

1997年初,格林斯潘在一次国会听证会上宣称,美国经济正显现"也许是百年仅能出现一两次的繁荣景象"。克林顿也毫不掩饰他对格林斯潘的感激之情,他对记者们说:"联储能有艾伦这样的人是美国经济的大幸。"

克林顿在总统位上历经"风吹雨打"的磨难,却总能化险为夷,这在很大程度上归功于格林斯潘治理经济有方,选民们对繁荣的格林斯潘时代满意,有人说,格林斯潘是美国的"影子总统"。

1998年,美国经济正顺风顺水,克林顿却走了背字,风流债缠身。年初,他与莫尼卡·莱温斯基的绯闻被媒体曝光,炒得天昏地暗,更严重的是,事情败露后,克林顿还被指控唆使莱温斯基作伪证。莱温斯基事件曝光后,华盛顿媒体立即掀起了一场狂风巨浪,所有媒体的访谈节目和各大报刊的头版头条都对准了克林顿。

舆论的导向是千夫所指,但哥伦比亚广播公司1月29日的民意调查显示,公众对克林顿的支持率仍然高达73%。虽然有近一半的公众对总统的个人品德嗤之以鼻,但大多数人仍支持他继续担任总统,这与美国经济正处于30年来最好的时期自然大有关系。

格林斯潘1998年6月10日在国会参众两院联合经济委员会作证时，用极其罕见的措辞，直接赞美当时繁荣的经济，说："50年来，我每天观察美国的经济状况，目前的强劲增长和低通货膨胀率，可以说是我所见过的最出色的经济表现。"他认为，美国经济正处于良性循环：低通货膨胀率导致利率降低，刺激了投资和消费，特别是高科技的投资，使得从70年代以来长期停滞不前的劳动生产率出现了提高的势头。

1997年，美国联邦政府20年来首次实现了收支平衡。1998年9月底，克林顿宣布，在刚刚结束的1998财政年度中，美国联邦预算实现了700亿美元的盈余；1999年1月初，克林顿又宣布，在1999年9月30日结束的1999财政年度中，美国的预算盈余将达到760亿美元，高于1998年5月份所预测的540亿美元。里根和布什执政时期累积如山的财政赤字终于得到了控制。这不仅对于受到丑闻困扰的克林顿本人是一场及时雨，对美国经济的持续增长也起了重要的促进作用。经济发展如此良好，哪怕这位总统遭到一些丑闻的攻击，也不会让公众觉得有多丢脸，只要他能不断为公众带来经济方面的实惠就行了。

克林顿总统在谈到与格林斯潘的私人关系时说："我很满意我们两人之间的关系。每年我都尽量抽时间与艾伦见几次面，我需要了解经济方面的大量数据。艾伦做得很出色，并且在经济方面，他有一套令人感兴趣的独到见解。

"我们一直在尽力维护联邦储备委员会的独立性。尽管我们有着完全不同的责任，但联邦储备委员会的委员们清楚，我们对控制财政赤字的态度是严肃的、一致的。

"联邦储备委员会在经济增长的同时，遏制了通货膨胀的扩大。我们的经济政策也已经有了战略性的转移，即从滴入式经济移向投资—削减—

增长式经济。所有这些步骤都在进行，并且格林斯潘得到了许多贷款权力。"

由于中央银行是独立的，它们可以迅速地对市场作出反应，调整利率和货币供应量以刺激或限制经济增长，以货币指导的财政政策胜过了政府指导的财政政策，这引起了一些人的疑问：在美国是美联储主席的权力大还是总统的权力大？随着中央银行控制力的增加，它们会尽责吗？

在格林斯潘主持美联储以来的11年间，美国的通货膨胀率低到只有2.2%，失业率只有不到5%。很多经济学家认为，是格林斯潘正确的货币政策"使得市场良性运作"，他带领美国创造了美国历史上最长的经济增长周期——长达100多个月的经济持续增长，从而使美国在90年代出现了前所未有的经济繁荣。诺贝尔经济学奖获得者弗里德曼称格林斯潘的表现"超过以往任何一位联储主席"。

美国《国家观察》的专栏作家劳伦斯·库德洛说：在美国这个有1.25亿人投资股票市场的国家中，格林斯潘"才是真正的总统"，"他对平衡的预算、低失业率、几近乎零的通货膨胀率、坚挺的美元和我们的财富，都立下了大功"。

1999年，美国《时代》周刊在评选"年度风云人物"时，将格林斯潘列在了第一位。美联社的记者说："即使克林顿有毁灭世界的能力，他也不太可能做到这一点，政治斗争限制了总统的权力。结果，艾伦·格林斯潘可能是世界上最重要的人物。"

有杂志称："格林斯潘是新千年里的新魔术师，他只要吐出几个字，世界就会震动。"美国《外交》杂志的编辑詹姆士·霍格说："在经济处于优先地位的今天，很难想象还有谁能比得上他的影响力。"共和党总统候选人之一麦凯恩开玩笑说："保持美国经济繁荣的唯一办法就是让格林斯潘连任，不管他是死是活。就算他去世了，我也要给他戴副墨镜让他坐在那里。"

第六章
权力和荣耀

美国联邦储备银行的一位高级官员认为,世界各国经济的发展有一条共同规律:央行独立性越大,经济搞得越好;央行受政治干涉越多的国家,经济越不容易搞好。比如,德国的中央银行比法国更少受政治干扰,因而经济比法国搞得好;格林斯潘领导下的美联储比日本央行更好地保持了独立性,是近年来美国经济表现强于日本的重要原因之一,甚至可能是最重要的原因。

1987年,格林斯潘初任美联储主席一职时,分析家们对这位极具天赋但谦虚谨慎的纽约人能否接手保罗·沃尔克的工作表示怀疑。12年后,沃尔克是格林斯潘的力挺者之一。有记者问及这些年来如果由他担任美联储主席,做法和格林斯潘会有什么不同时,沃尔克笑道:"我也许会把事情都弄糟了。"

格林斯潘的一位同事说:"格林斯潘做得越少,称赞他的人却越多,为什么?因为联邦储备银行最重要的任务是决定短期利率,而短期利率最需要稳定。"格林斯潘有时很久都不调整一次短期利率,从表面上看,似乎什么事都没干,但有时决定不调整甚至比决定调整更需要胆识和智慧。格林斯潘无时无刻不在注视着美国乃至全球错综复杂的金融动态,再以之为基础向公开市场委员会提出是否调整和调整多少的建议。他会考虑总统和政府的意见,但是决不为这些意见所左右。

2000年1月初,当格林斯潘第二次被克林顿总统任命为美联储主席时,杰克逊市资讯公司首席经济专家琼斯说:"这确实不令人感到意外,经济和市场表现如此之好,没有理由不再提名他连任。市场知道此事会发生,如果克林顿不提名他连任才是大新闻。"

在格林斯潘接受任命一个月后,股票市场继续飘红,在整个春天,纳斯达克指数猛涨了30%,道琼斯指数一直稳定在10000~11000点。

71 岁的新郎

1997年4月6日,格林斯潘再一次当上了新郎,这一天距离他的71岁生日刚过一个月,新娘是年过50的安德丽亚·米切尔。

米切尔与格林斯潘初次相识在1983年,那时候她30多岁,是全国广播公司的一位资深记者,聪明能干而且受人尊重。米切尔比格林斯潘小21岁,和格林斯潘一样,是地道的纽约人,出生在布朗克斯区,长于纽约郊外的韦斯特切斯特,父亲拥有一家家用器皿厂,母亲在学校从事行政工作。米切尔1967年毕业于宾州大学,在大学期间,她主修英国文艺,与格林斯潘在分析经济时使用的数学完全不同。

米切尔先是在费城的广播电台和电视台上报道地方政治消息,而后成为报道能源问题的全国记者。1979年,她报道了三里岛核电站事故。

1983年,格林斯潘与米切尔初次相识。当时米切尔在全国广播公司的华盛顿分社工作,负责报道政府的预算及经济政策。白宫的一位助手格根是她的消息来源之一,格根建议她结识一些政府内阁之外的经济专家,以获得更多的资讯。

"你干吗不找格林斯潘呢?我认识的所有人中,就数他最懂经济。"格根说。当时格林斯潘正在纽约经营他的咨询事务所,米切尔开始定期对他进行电话采访。格林斯潘成了她最有用的消息来源之一,两人从未见过面,但在电话上谈得很愉快。一天,格林斯潘突然约米切尔一起吃饭。米切尔恰好要去纽约制作一集《今日新闻》,于是便接受了格林斯潘的邀请。这是两人头一次约会。

在曼哈顿岛上的一家法国餐馆,两人一见如故,交谈甚欢。"刚一见面,我就觉得他这个人非常聪明,而且又风趣可爱。我们在一起谈自己的童年,谈音乐,谈棒球。"米切尔回忆道。

格林斯潘的前妻琼·布卢门撒尔(原名琼·米切尔,后改随第二任丈夫姓)认为,米切尔与格林斯潘非常相配。一天,琼夫妇与格林斯潘和米切尔一起吃晚饭。琼趁米切尔短暂离席时对格林斯潘说:"我也许不该多嘴,讲出来反而有可能好心办坏事,可我觉得你们两个非常合适。"

此后,格林斯潘与米切尔仍然保持一般朋友关系,格林斯潘在联储主席宣誓就职仪式上请的是另一位女郎——《麦克尼尔和莱尔新闻小时》的制作人米尔斯。后来,两人才开始热乎起来。1987年10月,格林斯潘携米切尔一起出席白宫举办的一次国宴,这是两人首次在华盛顿社交场合成双露面。

格林斯潘与米切尔通过一段时间的相互了解,发现彼此有很多共同之处。两人都喜爱古典音乐,格林斯潘曾上过茱莉亚音乐学院,米切尔小时候学过小提琴,莫扎特、勃拉姆斯和维瓦尔第都是他们喜爱的作曲家,不过米切尔不喜欢格林斯潘欣赏的拉赫玛尼诺夫。两人成了肯尼迪艺术中心的常客,经常坐在里根的包厢里。

格林斯潘发现,米切尔和他一样,也是一个狂热的棒球迷。她从小就是洋基队的球迷,迁到华盛顿后,她又成了金黄鹂队的球迷。格林斯潘从小一直是道奇队的球迷,1958年该队搬到洛杉矶后,他和众多的纽约人一样，有一种被遗弃的感觉，于是转而成为大都会队的球迷。在华盛顿呆了几年后，格林斯潘受米切尔影响，也成了金黄鹂队的球迷。

不过两人最大的共同点还是他们都酷爱政治，只是他们涉足政治的角度不同，米切尔报道政治，而格林斯潘本人就是政治。不过米切尔并没有因为认识格林斯潘而抢到任何独家新闻，法律禁止美联储主席与美联储以外的任何人讨论有关经济政策的最敏感内容，两人仅就一般的政治新闻以及华盛顿的内幕交换看法。

和格林斯潘一样，米切尔也是个工作狂。她说："作为一名在媒体行业工作的女性，我根本承受不起丢下工作，哪怕是一天的时间，更别说请假或者是放长假了。我希望能每天都守在那里，如果哪个男的哪天请假了，那我就可以填补他的空缺。"在常人眼中，格林斯潘是个难以捉摸的人，但在米切尔心里，格林斯潘却是个性情温和的浪漫主义者，这令她非常着迷。

米切尔和格林斯潘的第一次婚姻都以失败而告终，无论是格林斯潘还是米切尔都不愿轻许终身。就这样，两人保持了近10年的恋人关系，直到1996年的圣诞夜，垂垂老矣的格林斯潘才向米切尔奉上求婚的玫瑰。

1997年4月6日这一天，春光明媚，微风轻拂。米切尔为这场迟来的婚礼特意订购了一件奥斯卡·德拉伦塔名牌礼服，金发之上，罩一顶矮顶筒形女帽，衬得她分外年轻俏丽。格林斯潘仍是穿着一身深色西装，浆过的白色衬衫上，胸前有"AG"组成的花押字，那是他姓名的字母缩写，一条蓝条纹领带，中规中矩，好像上班途中的银行家。

出席婚礼的都是他们的老朋友，同时也都是政商和新闻界的名流，如世界银行行长詹姆斯·沃尔芬森及夫人、前国务卿基辛格、NBC主播戴维·布林克里、参议员约翰·华纳、《华尔街日报》驻华府记者奥尔·亨特及夫人等。格林斯潘的前女友芭芭拉·沃尔特斯也前来助兴。为他们主婚的是联邦最高法院大法官鲁斯·金斯伯格。

第七章
国家利益

经济和金融的全球化,使格林斯潘不仅是美国经济的掌舵者,同时也左右着世界经济的走向,格林斯潘成了全世界的"金融沙皇",只要他一打喷嚏,全球经济都要下雨。手持世界金融权杖的格林斯潘,利用拉美经济危机、亚洲金融风暴等契机,为美国赢得了最大的经济利益。

经济全球化与金融霸权

"经济全球化"一词最早由T.莱维于1985年提出,指以市场经济为基础,以先进科技和生产力为手段,以发达国家为主导,以最大利润和经济效益为目标,通过分工、贸易、投资、跨国公司和要素流动等,实现世界范围内的市场分工与协作。其表现在于:一是世界各国经济联系的加强和相互依赖程度日益提高;二是各国国内经济规则不断趋于一致;三是国际经济协调机制强化,各种多边或区域组织对世界经济的协调和约束作用越来越强。

经济全球化从本质上讲,是发达国家资本在全球的新一轮扩张,由此带来的后果是利益分配不均,发达国家和发展中国家之间的贫富差距进一步加大,同时也使全球经济的不稳定成为一种常态。经济全球化使各国经济的相互依赖性空前加强,不少国家的对外贸易依存度已超过30%,个别国家甚至达到了50%~60%。在这种环境下,全球性的经济波动和危机传染便不可避免而且极有可能经常发生。2008年美国的次贷危机便是一个例子,它由美国很快传染到整个欧洲地区以及东南亚,造成严重的地区性金融危机，随后又波及到拉美地区，最终造成全球性金融动荡。

对发展中国家来说，美国在经济全球化进程中扮演的角色并不像它看上去那么光彩。以它为首的西方发达国家，在经济全球化的过程中，极力利用自己拥有的技术优势和经济优势，力求主导与操纵世界经济的发展方向，建立有利于自己的世界经济秩序。前美国政治学会会长、哈佛大学战略研究所所长亨廷顿对此丝毫不加掩饰，他在《文明的冲突与世界秩序的重建》一书中，直截了当地列举了所谓西方文明控制世界的14个战略要点，其中第一条便是"控制国际银行系统"，第二条是"控制全部硬通货"，第五条是"掌握国际资本市场"。

克林顿是经济全球化的积极推动者，他说："如果由于害怕全球化的破坏而希望阻挡全球化，我认为是不可取的。"事实上，由于美国在世界经济中占据的份额很高，在经济全球化的进程中因而占据着极大优势，美国不遗余力地鼓吹经济全球化，实际上是为了自己的利益。在经济全球化的条件下，它可以利用美元的独特地位，通过印发钞票，影响和操纵汇率、利率等手段，为自己捞取巨大的经济利益。美国力图控制国际金融体系改革的主导权，其中最重要的一个途径就是主张并控制全球金融一体化，推行符合其自身利益的贸易投资自由化，按照自己的需要，左右国际经济游戏规则的制定。

当美国在国际经济竞争中遇到麻烦时，它常常通过制定有利于自己和修改不利于自己的国际游戏规则，迫使别国最大限度地开放市场，从而巩固和加强自己的霸主地位。例如，美国在国际货币基金组织和西方七国集团中通过制定和协调经济、财政、金融、汇率规则，利用美元的特殊地位，影响和操纵汇市，大发其财；在世界贸易组织中制定和修改保护知识产权的规则，依仗其科学技术优势，通过限制政策鼓励高技术出口来制约他国；在世界银行通过制定和修改投资和外援的规则，依仗其资本优势，通过经济援助手段来干涉他国内政……

当国际法与美国国内法发生矛盾时，美国则向来以国内法来抵制国际法，谋求治外法权。也就是说，美国可以制定和修改国际经济合作游戏规则，他国必须遵守和执行，否则将受到制裁，而美国却不必受它自己制定的规则的制约。《达马托法》和《赫尔姆斯–伯顿法》就是美国在国际多边经济关系中的霸权主义的典型例证。

美国从自身利益出发推行的金融自由交易规则，使得世界范围内的金融风险日益加大，几百亿、上千亿美元的资本突然地在几个月的时间里涌向一个国家，又在瞬息之间大量调走，这对一些开放了的中等国家的经济的冲击是巨大的。1997年爆发的亚洲金融危机即是一个很好的例证。

1999年2月16日，《纽约时报》刊载了一篇题为《美国怎样拉拢亚洲使之允许资金流入》的文章。文章说，克林顿政府为了本国金融行业的利益，大肆向泰国、巴西、俄罗斯鼓吹金融自由化，这些国家于是采取了鼓动资本自由流动的措施来刺激经济发展，使外国货币流入，而当地货币流到国外，最终导致了银行业的混乱和金融危机。文章指出，美国推行的金融自由化是诱发亚洲金融危机的主因。

1999年3月2日，美国《巴尔的摩太阳报》发表专栏作家威廉·吉拉夫的文章，披露美国政府全球化政策的内幕，揭露美国利己主义的国际金融政策。文章说，华尔街把解除国际金融规制的权利卖给了克林顿政府，促使克林顿政府大力推行其全球金融政策的非规制化，重塑世界金融格局。美国政府推行资本自由流动的原因在于支持美国政府的银行业需要如此。

身为美国联邦储备委员会主席的格林斯潘，其本质正是美国势力庞大的银行业利益的代言人，他对国际金融监管所秉持的理念，以及对诸多重大国际金融事件的反应，很好地为吉拉夫的这篇文章作了注解。

整顿拉美

美洲大陆以巴拿马运河为界限,一般被分为南美和北美两个部分,加拿大和美国属于北美,美国以南,包括墨西哥、中美洲、西印度群岛和南美洲地区,常常被通称为拉丁美洲。

美国在脱离英国的殖民统治独立后,逐渐成为美洲大陆上的强国,拉美国家则一向被视为"美国的后院",这些国家经济、政治、军事能力均明显落后。美国对其一贯的战略是分而治之,有拉有打,既不希望这一地区处于不稳定状态,也避免其中出现有损于美国利益的国家。这一战略在经济上的典型表现是1994年的墨西哥金融危机和2001年的阿根廷经济危机。

1994年,美国的邻居墨西哥为了遏制日益凶猛的通货膨胀,实行稳定汇率的政策,利用外资的流入来支持本已非常虚弱的本国货币——比索。可是由于墨西哥整个经济过分依赖外资,市场以高利率吸纳过多的外资,结果导致外贸赤字严重恶化,实际汇率逐步持续上升。

到1994年底,墨西哥出口商品已经失去了竞争力,外资流入大量减少,投资者主要是一些美国的投机家,他们很快便摸清了墨西哥外汇储备大量减少这一底细，本能地将投资于股票证券的资金撤回本国，结果造成墨西哥资本大量外流，其数额高达30亿美元。

12月20日，执政仅20天的塞迪略政府宣布，将比索对美元汇率的浮动范围扩大到15.3%，意味着比索将至少贬值15%。这进一步刺激了人们的恐慌心理，很多人纷纷抢购美元，投机行为趁机兴风作浪，乔治·索罗斯等人大做美元空头，然后带动大批外资恐慌性外逃。墨西哥政府用仅有的几百亿美元外汇储备予以抵抗，然而这根本无济于事，政府两天之内便失去40亿~50亿美元的外汇储备，新比索迅速下跌40%。人们以墨西哥本地出产的一种叫做龙舌兰的酒来命名这次重大金融危机。

很快龙舌兰效应便开始发威，危机严重冲击了墨西哥国内的货币市场和股票市场，并迅速波及周边国家和地区，拉美股市行情下跌，引起各国投资者的恐慌。这场突然而至的由比索贬值诱发的金融危机，不仅墨西哥政府没有预料到，美国方面也深感意外。此时财政部长本特森刚刚离职，而继任财政部长鲁宾还没有正式到任，美国国会又恰逢休会中，克林顿政府对邻国这场突如其来的危机没有任何提防和应对策略，直到墨西哥政府宣布比索贬值3周后，白宫对此仍只字未提。

但是，问题不会因为被忽视便能够自行消失，从邻国不断传来的坏消息让美国政府日益感到了问题的严重性，格林斯潘开始高度警惕，密切关注事态的发展。他认为，墨西哥政府在错误的时机采取了错误的政策才导致了这场危机的到来。很多人一致认为，墨西哥政府需要一笔数量可观的贷款来平息这场危机，重振比索，但是格林斯潘不同意这种观点。他否定了美联储将会以美国银行为墨西哥提供贷款进行担保的说法，认为这种做法非常不合时宜，因为在这场高度风险的投资中，美国投资者的利益不会得到保证。

圣诞节一过，鲁宾匆匆走马上任。他建议克林顿立即召开经济顾问会议，对墨西哥的金融危机发展趋向及其对美国的影响做出评价。结果表明，墨西哥是美国的第三大贸易伙伴，墨美贸易占墨西哥对外贸易总额的86%，美国资本占墨西哥外资的56%，墨西哥的经济发展长期依赖于美国，墨西哥金融稳定对美国经济有利，如果墨西哥的金融危机不能够得到有效遏制，那么美国商品在墨西哥的销售额将在1995年减少100亿美元，从而令原本贸易逆差高涨的美国外贸形势更加雪上加霜。

评价结果还认为，稳定的墨西哥比索，有利于北美自由贸易区的稳定。克林顿的财经班子认为，正在建设的北美自由贸易区和墨西哥的金融稳定对美国经济至关重要。北美自由贸易协定对美国的经济扩张起了积极作用，这一自由贸易协定对美国的进口、收入、投资和就业都有很大的益处。

大量事实表明，美国对墨西哥进行某种直接援助是有必要的，但是这样对美国和整个世界都有风险。格林斯潘表示，一些帮助方案不过是他所谓的"最不差"的选择。"我们只是不得不做一些事情。如果他们（美国银行）想要提供贷款，就必须恪守某些原则，比如事先计划需要多少或是做得更多。"

在外国债务危机中是没有绝对担保人的，格林斯潘经过精心计算，最终巧妙地设计了一个方案，大大降低了这种风险投资失败的可能性。鲁宾采纳了格林斯潘的建议，向政府提出要求拨给墨西哥400亿美元的贷款。

格林斯潘自己也有些担心，如此巨大的一笔贷款能否被国会通过？而且一旦他们失败，还要付出远远高于成功所得到的回报的代价。不过他考虑到了两个有利的因素，一是美联储国际金融部门的负责人泰勒·杜鲁门写了一篇论文，阐明墨西哥的经济危机将会导致美国经济每年以2%的速度衰退，克林顿当然知道这对于1996年的总统大选意味着什么；另外，1992年，是克林顿极力促成了颇有争议的《北美自由贸易协定》的签署，向墨西哥和加拿大大开绿灯，为此克林顿投入了不少政治资本，他肯定不希望墨西哥陷入经济混乱之中。

果然，克林顿接受了鲁宾和格林斯潘等人的建议。

很快，这项提议遭到了参众两院的共和党保守派的强烈抗议，他们表示决不同意将 400 亿美元砸向濒临破产的墨西哥。情急之下，格林斯潘想起一个人，那就是叱咤美国广播界的脱口秀主持人拉什·林博。格林斯潘认为此人绝对是担当说客的不二人选，因为他在美国有将近 2000 万听众。格林斯潘说服了林博，让其赞成这项墨西哥贷款建议，并向大家解释这样做的必要性。

接下来便是如何跨越国会这道关卡了。尽管国会出于对格林斯潘的信任并未反驳他，但是对 400 亿美元却绝口不提，事情似乎陷入僵局。此时墨西哥正处在水深火热之中，这场金融危机的大火随时可能从加利福尼亚湾登陆美国。

在这紧急时刻，格林斯潘的一个门生罗伯特·伯纳特突发奇想，他向格林斯潘建议绕过国会，直接动用汇率稳定基金（ESF）稳定货币。

这样做同样风险不小，不过，考虑再三后格林斯潘务实的本性占了上风，他同意试一试。结果表明伯纳特是对的，国会对此基本上保持了沉默。

这一次鲁宾又开始发难了，因为汇率稳定基金的使用大权牢牢掌握在财政部，而不是美联储。鲁宾的回答斩钉截铁："绝对不可以。"

鲁宾之所以这样说，同样也是出于对国会方面的忌惮，因为国会一旦发怒，就会切断这个基金的资金来源，甚至修改法律，那就等于让事情陷入了绝境，绝不会再有回旋的余地。伯纳特试探性地告诉鲁宾："格林斯潘认为只要国会不闻不问，这件事是可能的。"鲁宾思考了一番，最终答道："好吧，我会和他谈谈。"

随后几周，美利坚的边关纷纷告急，得克萨斯州州长小布什说："边境的经济将一泻千里，你们必须采取措施。"克林顿听闻后，于 1995 年 1 月

31日果断地作出决定，从汇率稳定基金里调出200亿美元援助墨西哥。

此后，美国政府动员加拿大等墨西哥其他贸易伙伴国以及国际货币基金组织向墨西哥提供紧急援助。以美国为主的500亿美元的国际资本成功地稳定了墨西哥的经济，1995年3月底，墨西哥金融市场稳定下来。

对于另一个比较富裕的拉美国家——阿根廷遇到的麻烦，美国则采取了隔岸观火的态度。

阿根廷曾经是世界排名第8的经济强国，2000年人均国民总收入高达7440美元，但到了2001年，阿根廷经济迅速衰退，税收下降，政府财政赤字居高不下，债务危机爆发，短短一个星期内证券市场连续大幅下挫，国家风险指数一度上升到1600点以上，美元投机资本加速逃离阿根廷，各商业银行囤资自保，并疯狂提升利率，以致各大银行隔夜拆借利率竟蹿升到700%。

在消耗了60亿美元外汇储备也无法阻止资本外逃的情况下，阿根廷总统梅内姆发表讲话，表示要将阿根廷经济美元化，他公开呼吁阿根廷人"将手中的每一个比索尽快地兑换成美元"，很多经济学家认为，这是使阿根廷摆脱经济混乱、避免发生恶性通货膨胀的唯一办法。

格林斯潘对此表示反对说："如果一个国家的政府置国际货币基金组织或美国认为必要的货币政策于不顾，而只寄希望于美元化来确保经济稳定，那它很快就会发现这会失败。"

美国出于美元霸权地位的长远考虑，对阿根廷危机采取了消极观望态度。在失去了国际货币基金组织输血和美国的刻意回避下，阿根廷金融危机最终演变成一场严重的经济危机，一年之内连换了5位总统。

救与不救，充分体现出美国一贯的"双重标准"，其依据的背后，就是四个字：美国利益。

袖手旁观

1997年,地球的另一端爆发了更大的金融海啸。

危机首先在泰国爆发。泰国经济在90年代初突飞猛进,一直以亚洲"四小虎"之一自居,但到了90年代中期,种种弊端开始暴露出来,他们靠大肆举债建造摩天大楼、大型商场、高尔夫球场等,导致泰国经济日益过热。海外的投资人开始怀疑,他们的投资是否能达到预期的收益,于是1997年上半年,资金开始陆续从泰国抽离。这让以索罗斯为首的货币投机商们钻了空子,他们从5月开始对泰铢发起凶猛攻击,投机商大举抛售泰铢,泰铢兑美元的汇率应声下跌。

面对投机商凶猛的进攻,泰国央行三管齐下捍卫泰铢:他们动用了120亿美元吸纳泰铢,禁止本地银行拆借泰铢给离岸投机者,并大幅提高利率。结果几个回合下来,泰国央行败阵,不得不向国际货币基金组织紧急求援。

这个举动犹如一颗信号弹在世界范围内炸开。

紧随其后的是马来西亚。马来西亚与泰国一样,经济繁荣的基础宛若流沙——商业领域内管理不善，银行滥发贷款。马来西亚央行企图拉高马来西亚林吉特的成本来阻止投机商的兴风作浪，印度尼西亚政府也入市支持印尼盾，但最终还是挡不住投机商强有力的进攻。7月24日，马币林吉特跌到了38个月以来的最低点，宣告崩溃。马来西亚总理马哈蒂尔抑制不住心中的怒火，公开大骂索罗斯是个"笨蛋"。

接下来是菲律宾比索，随后印尼盾也贬值至历史最低点，印尼被迫放弃保持本国货币的浮动范围。然后是一向有"避难货币"之称的新加坡元，尽管政府采取了诸如拉高利率等一系列措施，新加坡兑美元的汇率仍持续下跌。

10月17日，中国台湾被迫弃守新台币汇率防线，港币成为亚太经济区唯一坚守对美元汇率的货币，也成为投机商打压的新目标。

愈演愈烈的危机，引起了美国媒体的高度关注，各大报刊的大标题开始暗示一种可怕的前景：这场危机也许很快会波及美国。有人为这场危机起了一个耸人听闻的名字——亚洲传染病。

这一说法立即引起了格林斯潘的注意，早在墨西哥危机之前，他就对金融危机具有传染性的说法坚信不疑，但他仍然保持冷静。格林斯潘在美联储任职10年之久，深知处变不惊的好处。如果操之过急或者反应过慢，就会正中这场"传染病"的下怀。

然而，10月27日这一天，厄运还是降临到美国。纽约股市刚开盘不久，便如脱缰的野马一般，狂泻不止，交易被迫提前半小时结束。此时，道琼斯30种工业股票指数下挫554.26点，比1987年"黑色星期一"508点的跌幅还多出46点，创下有史以来最大单日跌点纪录，高达6000.4亿美元的股票市值在一日之间化为乌有。

第二天，香港股市恒生指数狂跌1400余点，东京股市也以最低价收盘；韩国更在这次股灾中遭到了致命打击，全国经济处于崩溃的边缘；西欧股市几种主要股指收盘的跌幅均在 2.5% 以上。

在全球金融体系日趋一体化的进程中，没有哪个地方能成为永久的"安全岛"，东南亚的金融风波刮到了华尔街，引起一场血雨腥风。这次大股灾使美国民众深受其害，微软公司董事长比尔·盖茨损失 17.6 亿美元、百货巨子沃尔玛家族损失 16.4 亿美元、投资家沃伦·巴菲特损失 7.76 亿美元、甲骨文软件公司总裁埃里森损失 6.69 亿美元、戴尔电脑公司总裁迈克·戴尔损失了 2.69 亿美元，就连投机家索罗斯的基金管理会，在 10 月 27 日的市场暴跌中也损失了 20 亿美元，其中他最引以为豪的量子基金暴跌 8.9%，损失近 10 亿美元。

华尔街发生股灾后，克林顿坐立不安，如一只惊弓之鸟，急忙求助格林斯潘和鲁宾来稳定美国人的情绪。

格林斯潘和鲁宾一致认为，虽然股市大跌，但对美国经济的总体影响不大。鲁宾向公众解释说，华尔街并不是美国经济，美国经济状态是好的，近几年来一直如此，低通货膨胀和低失业率的前景明显。

格林斯潘在国会的听证会上也告诉国会议员们："良好商业运行的基础依然稳固。"格林斯潘认为华尔街的股票指数过高，是一种虚假繁荣，暴跌之后不仅不会出现经济崩溃，甚至会带来好处，"我们应该看到在亚洲人陷入绝境的同时，进口商品降价的可能性，它给了在通货膨胀压力下的美国经济一个喘息的机会。"

由美国主导的金融全球化、经济全球一体化和国际炒家的袭击致使东南亚金融危机爆发，但此后美元大量回流美国，抬高了美国股市，股民大发横财，格林斯潘因此认为，亚洲金融风暴对美国经济可能是一种"有利冲击"，10 月 27 日华尔街大崩盘只不过是一个小插曲，总的趋势对美国有利。不能不说，格林斯潘的这一判断是建立在对事实进行严谨分析的理性基础上的，但是这同时也说明了一个问题，从某种意义来说，美国的幸福是建立在他国的痛苦之上的。

格林斯潘一直认为美国经济长期增长的主要威胁仍然是通货膨胀，而不是通货紧缩，他总是担心过快的经济增长会带来通货膨胀。他说："今天的经济……一直以不能持久的速度吸收未使用的劳动力。近几天市场的纯收缩应延长我们已有6年半的经济扩张。"这次股票下跌多多少少使通货膨胀的压力释放了一部分，也就是说，亚洲的经济噩耗成了美国的经济福音。

格林斯潘所说的对美国"有利"的另一个表现是，这次大崩盘可以当作是一次破坏性测试，如果美国股市经受住了这一测试，便表明美国经济和美国金融体制是完善和稳固的。格林斯潘说："如果金融市场价格下跌不再持续下去，完全可以设想，几年之后，我们回过头来看这次事件时，会认为它是有益的，就像我们现在认为1987年的股市暴跌是有益的一样。"他说，"最近亚洲的经历有力地说明，国内银行系统在金融市场方面的健全是很重要的。"

格林斯潘一直严密注视着亚洲金融危机的发展势态，广泛搜集大量数据，分析其规律和动向，而美国政府则对东南亚经济危机一直作壁上观，只支持国际货币基金组织出面干预，并且附加了许多限制条件，借此为美国攫取更多利益。

趁火打劫

1997年11月,东南亚金融风暴开始进一步蔓延,将世界第二大经济体的日本和世界第十一大经济体的韩国也卷了进来。

11月12日,日经指数下跌2.73%,至15434.17点,日本金融市场急剧动荡,险象环生;韩元更是迅速贬值,11月20日跌到1139韩元兑1美元,贬幅高达22.12%,韩国的外汇储备也由305亿美元削减到只剩200亿美元。韩元的沦陷导致亚洲货币市场上再一次刮起龙卷风,几乎所有亚洲货币又陷入了新一轮的贬值竞赛。

韩国经济已处于崩溃的边缘,急需外界援助。美国政府代表趁机提出了一个苛刻的救援计划:由国际货币基金组织提供一项总金额为570亿美元的一揽子贷款计划,作为交换条件,韩国须同意开放它的金融市场,降低贸易壁垒,调整它的银行结构。

走投无路的韩国政府被迫接受了这一救援计划,但股市在短暂上升后,又再次出现暴跌,到12月中旬,每天都有10多亿美元的资金流出韩国。面对亚洲盟国的这一严重危机,格林斯潘和财政部副部长萨默斯等人谨慎地分析了它可能会对美国经济造成的影响。

在美国人的幕后策划下，国际货币基金组织主席康德苏和韩国财政部长林昌烈经过艰苦谈判，于1997年12月2日达成协议，国际货币基金组织向韩国提供550亿美元的一揽子援助计划，其中美国提供50亿美元，其余由国际货币基金组织和其他国际金融机构提供。国际货币基金组织的贷款条件非常苛刻，主要包括：废除当初使韩国发展成为"经济之虎"的重要经济体制和做法，落实严厉的稳定经济计划，包括整顿金融、紧缩对大财团贷款、降低经济增长率等多项配合措施。

美国财政部长鲁宾在智利举行的美洲国家财政部长会议上发言时说，美国将依照国际货币基金组织与韩国达成的协议，向韩国提供50亿美元的临时援助。鲁宾同时强调，援助是有条件的，韩国必须全面采纳国际货币基金组织所提出的改革方案，转变大公司即所谓财阀经营方式，推动贸易和资本流动的自由化。这些条件都代表了美国利益。

为了向韩国及亚洲其他遭受金融危机打击的国家和地区施压，使它们尽快实施以国际货币基金组织名义提出的改革方案，同一天，格林斯潘在纽约经济俱乐部发表演说，开出了解救亚洲金融危机的药方。他认为，只要亚洲加快银行改革速度，"危机就会过去"。格林斯潘强调，银行系统陷入困境是这次金融动荡的最终根源。他说，只要亚洲地区的政府对它们陷入麻烦的银行系统实行改革，这个地区受到重创的金融市场就能恢复繁荣。

索罗斯及其量子基金在金融世界兴风作浪、投机获利，是造成东南亚金融危机的最直接外部原因，而一向反对投机的格林斯潘在这次演讲时却为索罗斯等人冲击东南亚金融业辩解。他说，技术上的发展使得全球投资者们能够迅速从问题加剧的国家撤走巨额资金，但是"责任在于这个地区的经济政策，而不在于掠夺性的货币投机商"。"我们习惯于把抽逃的资本说成是'热钱'，但是我们很快便承认，这并不是说这些钱是'热的'，而是说这些钱逃离的地方是热点。"

12月4日,国际货币基金组织和韩国正式签订了协定,这一协议的签订使韩国原有的整个经济体系彻底崩溃,丧失了经济自主权。尽管它缓解了几个星期以来国际金融市场上的紧张气氛,但仍有很多人指责国际货币基金组织和包括美国在内的西方国家,利用亚洲在需要援助和金融市场相对虚弱的时候,趁机扩大它们在这个地区的政治、思想意识和价值方面的影响,把这些都融入到提供援助的条件中去。

虽然550亿美元援助协定给韩国受伤的经济注入了新的活力,但是这种活力并没有能够持续多久。由于许多机构缺乏流动资金,投资者继续抛售手中的股票,韩国金融危机仍在继续加深。12月10日,韩国外汇市场开市仅40分钟,韩元汇率就从1432元兑1美元贬到以1565元兑1美元,11日更贬至1719.8兑1美元,韩国经济又陷入极度窘境。

12月19日,格林斯潘及由鲁宾率领的美国财政部高级官员与康德苏率领的国际货币基金组织的官员,拿出了一个援助韩国的一揽子计划:国际货币基金组织向韩国贷款20亿美元,美、日、德和其他国家再提供80亿美元贷款。作为交换条件,韩国制定法律,向外国人开放他们的金融市场,关闭破产的银行,对其他银行予以监督。

在格林斯潘和鲁宾的推动下,国际货币基金组织迫使韩国接受了一套金融全面结构改革方案。

与此同时,借着日元的持续贬值和日本经济萧条的时机,美国也以议价的方式趁机掌握了日本金融的各关键部门。1998年4月,日本被迫放松资金调控,准许外国公司在日本销售共同基金。放松调控使得日本资金流出有了更快捷的通道,它标志着日本金融被纳入美国操控的范围。日本对美贸易顺差扩大,投资于日本国内的美元大量流入美国,加上日元持续贬值,使得美国物价与利率的压力为之舒缓,并扩大了美国的金融权力。从理论上讲，日本外贸盈余连年累增，日元应属强势货币，但实际上却不断贬值，这一点只有从日本资金大量流入美国的角度可以解释。美国按照自己的利益对日本的金融进行了重编。

美国人洋洋得意地认为，亚洲金融危机证明了美国式金融体制的优越性。他们说："金融体制决定谁能获胜，谁不能获得资金，这就决定了谁能够生存下去。金融市场的作用不仅仅是给经济增长的车轮加油，它们本身就是经济增长的车轮。"

国际舆论则对美国在这场危机中扮演的角色提出诸多质疑和批评。俄罗斯金融专家指出，金融和经济危机使"初级产品"的世界价值大幅度下降，从而加强了美国经济的竞争力；此外，亚洲危机还增加了对美元的需要，并加强了美元作为世界结算单位的地位；美国股票市场的股价一直虚高，美国比任何国家都更了解自己国家经济存在的问题，为掩盖这一事实，美国政府和金融当局选择了不择手段。日本也有经济学家批评美国利用亚洲危机实施统治世界的金融战略，这场危机不仅使东南亚国家的经济地位大大下降，也大大削弱了这些国家对美国经济的压力和竞争力。

指责香港

　　1997年7月2日，也就是香港回归中国的第二天，泰国爆发了金融危机，随后这场危机迅速蔓延到东南亚各国，包括日元及新加坡元在内的各国货币纷纷下跌。1997年10月，索罗斯等国际金融投机者在袭击泰国、菲律宾、印度尼西亚等国得手后，将魔爪伸向了中国特区香港。

　　他们首先大举抛空港币买进美元，迫使港币下跌，并在股票期货市场袭击港股。随后，索罗斯等从东南亚国家调集近8000万美元，对香港外汇市场进行冲击，并在股票市场上抛售股票。香港金融管理局采取紧急措施，抛出美元收购港元，以稳定港币币值，同时大幅度提高港币利率，吸引资本迅速回落，最终保卫港币成功。由于利率上升，导致股市下跌，索罗斯等人在以股市期货为主的金融衍生工具交易上获取了约20亿美元的暴利。

　　随后，索罗斯等国际炒家又先后于1998年1月和6月，两次冲击香港金融市场，采取的手法与第一次大致相同，一时间，香港成了投机者们的"提款机"。

　　尝到甜头的投机炒家于1998年8月再次杀回香港。他们首先在纽约造市，随之在悉尼继续卖港元，然后到香港沽售，接着在伦敦24小时不停地操作和加压，总资金达到50亿美元。索罗斯集团甚至直接向香港特区政府下战书，量子基金负责人斯坦利·德斯米勒放下狂言："我们手上有200亿美元，以我们的规模，从来不做无把握的事。"

如果任由这些国际炒家操控市场，势必将给香港的金融市场造成灾难。特区政府立下决心，以900多亿美元庞大外汇储备的实力，对来犯的国际炒家迎头痛击，发动汇、股、期三路自卫战。面对来势汹汹的国际炒家的攻势，香港特区政府主动出击，抽出存放于外汇基金的财政储备，用美元在市场套回港币，将其存放于银行备用，从而稳定了银行利息；同时，政府又直接进入股市和股指期货市场，大手买入优质大盘股，将股指期货造好，与炒家针锋相对。

8月5日，香港金融管理局突然发力，用储备在低价位上买下了炒家的港币卖盘，使得炒家在冲击港币方面出现损失，等炒家想利用香港政府即将公布失业率上升及第二季度经济出现一定幅度的负增长的时机准备再度冲击港币时，金融管理局看准了炒家只剩下买空期指这一方式进行结算，断然采取措施，吸纳股票现货，推高期指，痛击炒家。

针对炒家不断放出有关联汇将要脱钩的传言，港府大打宣传战，一再强调不会放弃联系汇率。中央人民政府也助一臂之力，国家领导人反复强调支持港府维持联系汇率，并重申人民币不会贬值。

港府在股市、期市兵分几路与炒家交战，誓要国际炒家付出高昂的买卖成本。

8月28日是多空双方争夺最为激烈的日子。国际炒家及外国基金狂沽港股，大量抛售港元，同时散播不利消息；香港金融管理局动用大笔外汇基金，在市场力接沽盘，大力吸纳蓝筹股，使得开市在仅一小时内成交额就达到790亿港元的惊人数字（平常每天的总成交量仅在几十亿到100多亿港元之间），场面惊心动魄。

炒家接二连三狂抛卖盘，港府前赴后继拼命买进。香港政府浴血死守，最终使包括索罗斯在内的诸多国际炒家损失惨重，仅索罗斯就损失了8亿美元。经过此轮激战，部分炒家损手断腿离场。

这次行动向国际投机者发出了一个明确信号：香港绝不允许国际炒家肆意妄为，政府有能力应付一切冲击。

香港特区政府保卫港元汇率稳定和金融市场秩序的行动，得到了香港市民及许多国家的支持，美国洛杉矶加州大学的普莱特教授在《洛杉矶时报》发表专论，称赞这场"大卫对巨人哥利亚的战争"："香港企图驱逐投机者的策略，利用政府的金钱来拉高股价和支撑汇率，的确是勇敢的行为……它设计出一个示范性的方法，可以驯化那些造成亚洲惨局的外来野狼。"

格林斯潘对此却予以批评和指责。9月16日，在美国众议院金融委员会的听证会上，格林斯潘严厉批评香港金融管理局为捍卫联系汇率而反击对冲基金，指责此举不符合自由市场原则，会损害香港金融管理局的声誉。

为此，香港特区政府致函格林斯潘，澄清自己的立场，说明香港市场将继续自由、开放和监管完善。财政司司长曾荫权9月17日在立法会回应议员有关格林斯潘批评的提问时说："一向以来，许多言论客观的评论员称许香港是世界上最自由的市场。正因如此，我们8月在市场所采取的行动是一个非常困难但严肃的决定。我们当时所陷的处境，令我们相信已没有其他选择。"他说，格林斯潘放话批评港府，这可能是他不完全了解事情的经过与背景，"我觉得有少少诧异，亦有少少惆怅！"

香港《文汇报》就此发表题为《格林斯潘错在什么地方？》的社论，对格林斯潘的言论进行了揭露和批驳。文章写道："格林斯潘对于对冲基金采取了支持的态度，他认为对冲基金'给世界带来了可观的增长'，而受狙击的货币或股市，是因为'私人投资用公共政策出现了失误'，'高效率的金融体系，将这种失误高速传遍世界'。新兴市场在受到狙击时，解决的办法不是回到资本限制政策，而是加大透明度、开放市场、加强对金融活动的监督。

"'不少东南亚新兴市场的银行系统，是因为外汇借贷不当及自我保护不力而崩溃。对国际市场威胁最大的，是使用信贷者无法维持收支平衡及如期还债。'这种说法，反映了美国人的自私自利和不顾事实。

"对冲基金这次狙击港元汇率，靠的是资金庞大，靠的是高效率，靠的是香港债券市场和股票的高度开放，他们可以在香港债券市场套取380亿港元作为弹药，他们可以贷借股票抛空，从而获取400亿美元现金，他们可以毫无透明度地积累了近10万张期指淡仓合约，他们以杠杆手段，付5%的按金，可以抛空上百亿美元的远期美电。他们已经操控了汇、股、期市场，造成一面倒的形势，由于没有对手，市场机制已不起作用，加上大量散播'人民币贬值''港元与美元脱钩'的谣言，形势危急。任何负责任的政府皆要保卫汇率，打破操纵市场；美国一直在干预外汇市场，同炒家对撼。美国甚至出手在期货市场同白银大王亨特兄弟对抗，使之破产。最近外国有人抛售万国宝通银行之股票，美国证监会立即打越洋电话，迫逼外国经纪交出抛售股票者的名单、价位、交易数量。美国的法例也禁止散播金融谣言和造市，将之列为刑事罪。为什么格林斯潘却持双重标准，对香港金管局的反击操纵市场行动，大加鞭挞？美国重视金融安全，却不准香港特区采取维护金融安全的措施，是何道理？"

卢布的崩塌

1997年年底,以索罗斯为代表的国际投机资本在香港市场大败而归后转战俄罗斯。

俄罗斯自1992年初开始推行"休克疗法",生产一直连续下降,直到1996年俄罗斯对外资全面开放,才形成了继拉丁美洲和亚洲以后的新兴市场。

1997年是俄罗斯经济转轨以来引入外资最多的一年,但这些外资没有实际投入到生产力的扩大,而是用于大肆收购被俄新兴富豪和寡头资本家出卖的廉价的原国有资产,大部分是短期资本投资。因为俄罗斯的股票面值很低,股票回报率平均高达1倍以上,国债的回报率也在20%以上,而且80%是3~4个月的短期国债,所以外资很快便占据了俄罗斯的金融市场,至1997年10月,外资已掌握了60%~70%的股市交易和30%~40%的国债交易额。

由于泰国等东南亚国家金融危机的示范效应,1997年11月,俄罗斯的投资者开始大量抛售股票,股价极速下跌30%,并殃及债市和汇市。俄罗斯央行拿出35亿美元拯救债市，欲以维持国债收益率的办法吸住外资，但虽然国债收益率上升到45%，外资依然撤走了100亿美元。

接踵而至的是外债偿付危机。1998年，俄罗斯政府大笔债务陆续到期，内债700亿美元，其中大部分是中短期国债，外债1300亿美元。1998年财政预算偿还旧债和弥补赤字加在一起，占国家开支的58%，债务总额虽然不算高，但由于还债集中，俄罗斯政府缺乏偿债能力。1998年4月，俄发行国债不到200亿卢布，而当月还本付息高达367亿卢布，借新债已经抵不上还旧债，财政十分紧张。俄罗斯财政部长承认，至少需借100亿~150亿美元才能渡过难关。

为了稳定信心，阻止资本外逃、提高人们对国债的购买信心，和墨西哥及泰国政府一样，俄罗斯政府采取了如下办法：

首先，提高利率，确保卢布汇率。央行在短短8天内将贴现率由30%上调至150%，提高了4倍，同时抛售美元干预汇率。

其次，由举借内债转向举借外债。俄罗斯1996年11月大规模发行欧洲债券，筹得约45亿美元，1998年拟再发行60亿欧洲债券。

最后，寻求国际货币基金组织帮助。1998年7月13日，国际货币基金组织和西方大国金融机构承诺提供230亿美元的紧急贷款。财政部将7月13日得到的首期48亿美元贷款中的10亿美元用于清偿债务，余下38亿美元用于增加外汇储备。

俄罗斯政府原以为当天付出的53亿卢布中会有一部分再购债券而回笼，谁料到债民不但未购新债券，还将大部分清偿款用于购进美元，其余则撤出市场，或留在手中以待时机。8月13日，国际炒家索罗斯在报刊上公然敦促俄政府卢布贬值15%~25%。当天，俄100种工业股票价格指数大跌74%。外资银行预期卢布贬值，纷纷要求俄银行提前还贷。

雪上加霜的是，俄罗斯7月份税收只征收到120亿卢布，而执行预算每月不少于 200 亿卢布,同时企业拖欠的工资,按照危机前的汇率算大约为 500 亿至 600 亿美元,政府的资金缺口不断加大。眼看国债券又将陆续到期,年底前政府需偿还内外债 240 亿美元,而当时外汇储备仅余下 170 亿美元,不够还债,更难以干预外汇市场。俄罗斯政府在此内外交困的形势下,贸然决定于 8 月 17 日推出应急措施,扩大卢布汇率浮动区间,调低卢布汇率上限至 9.5∶1,这实际上是将卢布贬值 50% 以上。

最终,国际货币基金组织的釜底抽薪导致了卢布的全面崩溃。和在其他国家一样,国际货币基金组织的紧急援助不是免费的,而俄罗斯国会在收到第一笔贷款后就清楚地表达,不愿意接受其削弱国家金融主权的财务改善和经济改革条件。

即便如此,当时的国际炒家,包括索罗斯,都认为西方仍会出资拯救这个虽然经济上困难,但拥有数千枚核弹的虚弱强国。但是,他们这次赌错了。

格林斯潘在其回忆录中这样写道:"美国和其盟国早已悄悄行动,协助叶利钦政府把核弹头锁得好好的,俄国对兵工厂的控制,做得远比经济管理好。因此,经过仔细考虑,克林顿总统和其他领袖研判,IMF(国际货币基金组织)撤销贷款不会导致核弹风险,同意 IMF 把插头拔掉。我们都屏息以待。"

国际货币基金组织没有继续提供贷款,外国投机者由于误判而遭受了巨大的损失,美国长期资本管理公司亏损 25 亿美元、索罗斯量子对冲基金亏损 20 亿美元、美国银行家信托公司亏损 4.88 亿美元。

比他们更糟的是俄罗斯。9 月 2 日,卢布汇率失守,央行宣布任由卢布自由浮动,卢布贬值 70%。老百姓挤兑卢布以换进美元,国内居民存款损失一半,股市更是一泻千里。

这场金融危机一直持续到 1999 年,格林斯潘称其为"1998 年俄罗斯的破产崩溃",西方战略家们则称其是"又一次的冷战胜利"。

事实上,格林斯潘早在1983年便参与了颠覆苏联的活动,当时他在里根政府的外国情报顾问委员会任职,任务就是评估苏联在军备增加过度耗用资源时的承受能力,其赌注就是里根的"星球大战"计划将会使苏联经济无法增长,其策略是保持冷战的强大压力,压低石油价格,断绝其外汇来源,一旦军备竞赛升级,苏联如果跟进,其经济就会崩溃,如果不跟进,就会要求谈判,不论哪种情况发生,美国都可以出手,解除苏联的经济实力和军事势力范围,从而结束冷战,使美国成为世界超霸。"星球大战"计划实施的最终结果是,苏联没有能力和美国展开军事竞赛,戈尔巴乔夫配合美国进行了一系列自毁长城的政治和经济改革,最终苏联解体。

格林斯潘与对冲基金

格林斯潘对香港金融管理局的指责,从公允的角度来看并非公正,因为他在指责香港干涉金融自由的同时,美联储也正在做着相同的事,唯一不同的是,香港奋力抢救的是遭到疯狂洗劫的金融市场,而美联储救助的则是制造金融危机的元凶之一——对冲基金。

所谓"对冲基金",即替投资者对冲投资风险的基金,又称避险基金或套利基金,也有人将它称为"稳定投机基金",是一种为富人服务的、基本上不受监管的投资基金。其主要特征是,运用资金的杠杆放大效应,大量地借贷和透支,并利用期货和期权等金融衍生工具以及对相关联的不同股票实行买空卖空和风险对冲,使其投资风险与预期的投资收益成倍增加,从而在一定程度上规避和化解证券投资风险。

20世纪初,这一专门面向富人的投资工具便出现了。然而,随着时间的推移,对冲基金慢慢失去了对冲风险的原本内涵,演变成为一种全新的投资模式,它依靠最新投资理论和复杂多变的国际金融市场,充分利用种类繁多的金融衍生工具的杠杆效应,承担高风险并追求高收益。

依照风险高低程度的不同，对冲基金大致可分为低风险基金、高风险基金和疯狂对冲基金三种。高风险对冲基金经常以高于资本2~5倍的借贷款进行投机交易，既在全球股票市场上进行长买短卖，也在全球债券、货币和商品期货等市场上进行各种大规模投机交易。"疯狂对冲基金"甚至敢以高于本身资本10倍甚至几十倍的借款在国际金融市场上进行炒作，是全球经济不稳定的重要根源之一，在国际金融市场上一次又一次地扮演着金融动荡制造者或推动者的角色。从80年代初的拉美债务危机、90年代初的欧洲货币体系危机、1994年的墨西哥汇率危机，到1997年的东南亚金融危机，对冲基金每次都表现了巨大破坏力。

香港《文汇报》的社论曾指出，对冲基金实际是在为美国大银行做他们想做而不方便做的业务。美国的国策正是发展美国金融的超强力量，借"自由市场""开放金融"之名，攻城掠地，控制掠夺外国而不需花一兵一卒，再不必冒朝鲜战争、越南战争死人无数的风险，所以在美国名目繁多的各种类型的基金中，对冲基金虽然遗祸无穷，却是金融监管当局管理最松的。

美国各大银行、证券公司和经纪公司的老板，都坚决反对加强对对冲基金的监管，因为他们是基金的巨额信贷者，从中获利甚丰。据说美国大通、摩根等几家银行占了美国对冲基金借贷业务的9成，另有一批投资银行和证券公司替对冲基金运作造市，他们也通过对冲基金的全球运作获得高额利润。华尔街不少金融专家认为，从金融市场的发展看，对冲基金为少数特别富有的投资者提供了特殊的投资机会，增添了金融品种的多样化，并在一定程度上减少了证券市场的浮动性。美国国会的大多数人和美国金融主管部门为了本国利益，都明确地支持对冲基金的发展，反对加强对其监管。

负责美国货币政策的格林斯潘是对冲基金的忠实保卫者。1997年亚洲金融危机爆发后，国际上很多专家异口同声主张管制对冲基金，格林斯潘对此充耳不闻。就在美国最大的对冲基金——长期资本管理基金出事前，他还在国会陈言，说贷款给对冲基金的银行机构已"有效地"管制对冲基金。没想到，话音未落，长资基金便出现了倒闭的危险。

长资基金由所罗门兄弟公司原副总裁约翰·梅耶韦瑟创办，10个投资者共集资1亿美元，然后再向外集资11亿美元。长资基金的经营管理团队阵容非常豪华，除梅耶韦瑟外，其主要合伙人还有美国财政部前副部长和美联储副主席穆林斯，所罗门兄弟公司债券部原主管、前哈佛大学教授罗森菲尔德，两位诺贝尔经济学奖获得者梅顿和斯科尔斯。他们与格林斯潘都是老朋友。这些人借助他们显赫的名声和权势，以及与美国金融主管当局和华尔街金融大亨们的广泛而又密切的关系，几乎可以不受限制地向银行大量贷款，买入的证券价值高达1225亿美元，可发挥对冲基金杠杆作用总值更是高达12500亿美元！

长资基金投机炒卖的规模大到骇人听闻的地步，在1994—1997年的短短3年多时间里，迅速走向暴富，投资者的回报率高达280%！

长资基金的做法实际上就是一种高风险的轮盘赌，把宝押在红色上，每次轮盘停到黑色上就把赌注增加1倍。有1万美元的赌徒有极大可能会输，而有10亿美元的赌徒最终却会拥有赌场，因为可以肯定，轮盘最终会停在红色上，只要你有足够的筹码等到那个时刻出现。

长资基金在1998年的一场豪赌中没能等到红色。由于在俄罗斯卢布贬值一役中下错注，以及原本预期公债价差收敛应该产生的获益随着公债价差扩大而变成巨额亏损，短短150天，长资基金资产净值丧失90%，仅余下5亿美元，并且还负债超过1000亿美元，濒临破产边缘。

除长期资本管理基金外，美国还约有100多家对冲基金在亚洲和俄罗斯等地的投机炒作中遭受惨败，严重亏损。其中量子基金损失20多亿美元，老虎基金约损失23亿美元，奥马加基金也损失近10亿美元。如果不拯救长资基金，便会引起多米诺骨牌效应，美国各大银行借出的1000亿美元贷款将立即成为烂账，投资于对冲基金的美国国内民众将血本无回，大银行将会收缩给对冲基金的投资，银行股也会急剧下跌，股市将陷入更深的亏损危机。

格林斯潘终于发现，一年来一直在海外兴风作浪、谋取暴利、专门刮取发展中国家财富的对冲基金，已经开始反噬自身，危害到美国经济的稳定。在走投无路的华尔街金融家们的极力游说下，格林斯潘最终决定由纽约联邦储备银行牵头挽救长资基金。他和联邦储备委员会敦促美林公司、摩根－斯坦利公司和旅游者集团等大公司，借给这家风险基金35亿美元，以便推迟其结算日期。

格林斯潘和美国政府长期以来一直批评的日本和其他亚洲银行从事的那种安排方式，在他的亲自指挥下也发生了。美联储通过纽约联邦储备地区银行出面，协调美林公司、摩根－斯坦利等15家世界级著名大银行及金融机构，组织银行团以36.25亿美元买下长资基金90%的股份，抵挡了公司被清盘的命运，也使巨额证券合同没有出现连环违约的事件。9月25日，华尔街宣布接管和拯救这家对冲基金。

两天后，格林斯潘与纽约联邦储备银行总裁威廉·麦克当诺夫就长期资本管理公司几乎倒闭的原因及后果，向众议院银行委员会作证，并为美联储出面拯救面临破产危机的长资基金的行动提出辩护。

格林斯潘说，联储官员为防再次出现全球性的金融混乱，参与了挽救该基金的谈判。

格林斯潘辩解说，这一举动虽属罕见，却"非常必要"，因为长资基金若是倒闭，必将导致市场资金流动陷入混乱，进而对全球金融市场与经济造成极大伤害。面对当前波动已十分剧烈的全球金融市场，必须快速化解长资基金所带来的威胁。

格林斯潘说，联邦储备银行出面组织对长期资本管理基金的援救，完全是迫不得已，他强调，拯救长资基金，完全是为了避免全球市场混乱与美国经济受挫。"金融市场的投资者已被最近的全球事件弄得人心惶惶，如果长期资本管理公司倒闭触发市场停顿，将使许多金融市场被套牢，给许多市场的参与者，包括那些非直接参与该公司投资的人造成实质性的损害，进而伤害到包括许多国家的经济，包括我们美国的经济。"

针对有人攻击他出尔反尔，格林斯潘解释说，美联储出面"并不代表由政府出资来拯救长资基金"，因为事实上美联储"没有使用公共资金来援助长资基金"。

格林斯潘和麦克当诺夫承认，部分保护该基金的拥有人存在"道德危险"。

据估计，如果长资基金在15家大银行和证券公司的联合救援下仍不能避免破产，将至少留下800亿美元的坏账，有关金融机构可能需要四五年时间才能将其消化完毕。虽然一些金融公司逃过一劫，但也因此遭到另外的打击，瑞士联合银行因涉入长期资本管理公司太深而造成巨额亏损，而美国大通银行因借款9亿美元给长期资本管理公司，损失巨大。

尽管很多有识之士强烈呼吁采取更有力的措施加强对对冲基金的监管，美国政府却没有丝毫回应，美联储仅仅致信美国各主要商业银行，并附上一本新的《贷款指南》，隐晦地批评这些商业银行的贷款制度过于宽松、在审批贷款时过分依赖于个人信誉、风险管理模式存在严重问题、过分看重获利而忽略了信贷风险等，要求这些银行收紧对对冲基金的信贷控制，并改善银行风险测量模型。

第八章
金融监管思与谋

当新经济到来时,一切旧有的经济理论都遭到了颠覆,格林斯潘如何找到他的治理妙策?世界经济都融为了一体,地球一侧的蝴蝶稍一振翅便能给另一侧带来狂风暴雨,格林斯潘怎样应对?创造了经济奇迹的格林斯潘,究竟有什么秘诀?

稳健的货币政策

20世纪90年代,克林顿政府致力于减少财政赤字,财政政策对宏观经济的调控作用因而大大减弱,于是货币政策就成了调控经济的"唯一杠杆"。美国经济能够持续多年保持增长,通货膨胀率和失业率同时处于近30年来的最低水平,美联储成功的货币政策功不可没。

美国联邦储备系统在美国金融业中起中央银行的宏观调控作用。根据美国法律,美联储的宗旨是保证国家拥有一个安全、灵活和稳定的金融和财政环境,为了达到这一目标,美国法律授权美联储对所有银行控股公司及其非银行机构及海外机构、州特许银行(美联储州会员银行及其海外分支机构与下属机构)和从事国际银行业务的美联储特许公司、州特许公司进行监管。此外,美联储还有责任在信贷和存款业务中依法保护消费者利益,规范证券交易中的保证金要求,监督实施《银行保密法》中有关洗钱的补充规定,规范银行下属机构之间的交易活动。

美联储以货币手段调控经济的方式主要有三种:提高或降低联邦储备体系中储备金的百分比,对经济领域中某些方面紧缩银根,对另一些方面放松银根，借此来调节经济运行的方向和速度；通过提高或降低借款利率来控制信贷；通过联储下属的联邦公开市场委员会买卖政府汇票与银行承兑票据，以此来管制经济。

格林斯潘认为，无论是紧缩性的货币政策，还是扩张性的货币政策，都会使经济在过热和衰退的循环圈中来回波动并最终导致滞胀。因此，美联储应该执行一种"中性"的货币政策，让利率水平保持"中性"，对经济既不起刺激作用，也不起抑制作用，从而使经济以其自身的潜在增长率在低通货膨胀条件下持久地增长。格林斯潘说："货币政策当然要适应和促进经济持续增长，但我们决不做刺激经济以观察它能增长多快的试验。"

在美联储的三大货币政策工具（存款准备金率、再贴现率和公开市场业务）中，公开市场业务给经济带来的震荡最小，同时，中央银行也可以掌握主动，随时操作，非常具有灵活性，所以美联储常常运用公开市场业务这一货币政策工具，也就是中央银行在证券市场上买入或卖出有价证券，对市场进行微调。保持稳定一贯的货币政策并适时微调，是格林斯潘的成功秘诀之一。美联储利率一直保持相对稳定的态势，例如，1996年1月，美联储将联邦基金利率从5.5%降到5.25%，把再贴现率从5.25%降至5.0%，这个利率一直维持了半年多，市场利率的波动也不大。

为了有效地控制通胀水平、促进经济持续稳定增长和保证国际收支平衡，美联储实施了一种被称为"预调式"的货币政策策略，即美联储根据一段时间以来国内经济增长和通胀的态势，预测经济周期的变化和通胀的走势，采取一些旨在调控将来通胀水平和现时通胀预期的政策措施。经济学家将美联储的这一策略戏称为"试着做"。格林斯潘在承认经济模型的重要性的同时，也认为经济模型因有许多前提假设的限制而变得不真实。经济世界正变得越来越复杂，格林斯潘更看重理性预期和自由市场。

正是基于这样的理念，格林斯潘时代的美联储才确定了控制通胀与促进经济增长平衡、维护金融稳定的货币政策目标，为达到这一目标，美联储的货币政策十分灵活，甚至可谓是不遗余力。

从 20 世纪 90 年代初经济衰退时的大幅减息，到承认生产力水平的提高对美国经济的重大意义并保持较低利率水平推动新经济的发展，到积极减息应对亚洲金融风暴带来的风险，以及 2000 年前后大幅加息应对油价高涨和股市与新经济的泡沫，2001 年为应对新经济泡沫的破裂、经济衰退和"911"事件对美国的冲击而大幅降息至 1% 的历史最低水平，2004 年 6 月开始不断以 25 个基点进行慎重有序的加息，都充分体现了格林斯潘为达到控制通胀与促进经济增长平衡、维护金融稳定的货币政策目标所表现出的坚决态度。格林斯潘在面对金融危机和重大突发事件时甚至大胆应用非利率手段，如宣称对所有需要资金的机构提供支持等，从而把美国经济一次次从危机的边缘拉回来，尽可能地减少了负面的影响。

承认理性预期的作用，令格林斯潘更加注重美联储信息的公开性。正是格林斯潘重视理性预期、注重信息的公开性建设以及与金融市场的沟通，才使美联储一改以前的被动局面。理性预期使金融市场一直随着格林斯潘手中的权杖起舞，而不是美联储被金融市场牵着鼻子走。

对自由市场的推崇也使格林斯潘较能恪守本份，始终强调市场化的手段，尽管在面临危机时他也会动用其他手段。

零通胀型增长奇迹

通货膨胀,意指一般物价水平在某一时期内连续性地以相当的幅度上涨的状态,又称为物价上升。

不同学派的经济学家对于通货膨胀的起因看法不同,"货币主义者"相信货币是通胀率数值最主要的影响;"凯恩斯主义者"相信货币、利率和产出间的相互作用才是最主要的影响,凯恩斯主义者也倾向于除了一般标准消费性商品物价通胀外再另附上生产性商品(资本)通胀;其他理论,例如奥地利经济学派,相信通胀是中央银行增加货币供给导致,也就是说,当政府发行了过多货币时,货币贬值,物价上升。

历史经验教训表明,通货膨胀必将导致国民生活物价水平直线上升,造成国家经济灾难性的后果和政局不稳,无论对经济发展还是社会稳定都会造成严重的危害。任何一个国家或政府都惧怕经济出现通货膨胀。

美国联邦储备委员会的一个最大目标便是保持物价稳定。格林斯潘时刻警惕通货膨胀的发生,如果经济增长得实在太快的话,他会毫不犹豫地提高利率,甚至不惜以过高的代价来避免可能产生的难以控制的通货膨胀。

1994年2月，格林斯潘未雨绸缪，在通货膨胀到来之前先发制人，将利率提高了0.25个百分点。此后，在不到1年的时间内，美联储连续7次提高利率，令克林顿总统大为光火，因为每提高一次利率，就意味着对经济发展踩一脚刹车。

1995年7月6日，出于对经济衰退的担心，格林斯潘改变战略，将利率降低0.25个百分点，随后又在12月再降联邦利率0.25个百分点，但同时，格林斯潘也时刻盯紧通货膨胀在远处游弋的怪影，提防它随时卷土重来。

1997年年初，格林斯潘在国会作证时，提醒国会议员们注意：一旦通货膨胀的警灯出现，美联储随时准备提高利率。尽管他对当前的美国经济表示乐观，但他说，为确保不与当街开来的卡车相撞，即使撞车的可能性很小，司机有时候也需要轻踏制动器。"同样地，在执行货币政策时，联邦储备系统也要始终盯着'路面'，判定前面可能面临的危险，并相应地采取措施。"

1997年，亚洲爆发了金融危机，世界经济一时没有能力走出经济停滞的困境，美国经济则逆势持续增长，一片大好景象，但格林斯潘却开始担心通货膨胀会在美国抬头，他在国会作证时说："我们必须警惕过高的通货膨胀与财政赤字不稳定的影响重新出现，和某些商品价格的下降将造成过分的通货紧缩现象。"

格林斯潘解释说："劳动力短缺将迫使薪水迅速上涨，而这必将导致商业界更快地提高商品价格。这种由于紧缩劳动力市场而造成的风险，并不是低额进口价格能够永远抵制住的。"

华尔街立即对格林斯潘的讲话做出了反应，10月27日，道琼斯指数狂跌554点，华尔街的大亨们一夜之间就损失了几十亿美元。人们怨声载道地说，艾伦·格林斯潘对通货膨胀的恐惧远大于民众对物价飞速贬值的恐惧。他用尽一切可能的手段去维持一个"失业率的正常水平"，以确保通货膨胀不再扩大，可事实上，连1.5%的通胀都没达到。

经济学家们批评格林斯潘对通货膨胀有些过于神经质，一位保守的经济学家讽刺说："他并不担心通货膨胀，他担心的是可能性。"

华尔街的首席经济评论家邦德·维利克公开致函格林斯潘，指出当前美国的经济出现的不是通胀，而是紧缩。他在信中写道："因为你是世界中央银行的主席，世界上所有的钱都控制在你手里，如果你以自己的判断代替客观事实，而忽略通货紧缩的信号，那你就应该考虑这会给地球上60亿人中的大多数带来什么样的遭遇。"

更有人指责格林斯潘玩弄权术："这位权力仅次于总统的大人物，把人们当成了白痴而玩弄于股掌之间。昨天，他把你送上了天堂；今天，他就把你送入了地狱。"

不管怎么说，美联储成功地压制了潜在的通货膨胀苗头，统计数据表明，尽管这一年美国经济增长势头非常强劲，但关键部门的年通胀率仅为1.8%。

很快，格林斯潘又开始担心出现通货紧缩了。1998年年初，他在美国经济学年会上发表演说，警告世人通货紧缩时代已经来临。格林斯潘说，1997年下半年，美国核心商品的通货膨胀率按年率计算，只有1.8%，而经济学家认为官方的消费物价指数对通货膨胀的估计至少高了1个百分点，这意味着美国实际上接近于无通货膨胀的经济，而这种经济会带来新的危险，即通货紧缩。

格林斯潘从美国20世纪30年代华尔街股票和随之而来的经济大萧条开始谈起，大谈物价下跌对经济可能造成的负面影响，他警告经济学家和国会议员们：通货紧缩可能与通货膨胀带来一样多的问题，包括股票和房地产之类的资产的价格都会下跌。他说:"迅速和反复无常的通货膨胀与通货紧缩都会导致恐惧和难以预料的局面,并且会使经济活动速度下降。"

在演说中,格林斯潘共有18次提到了世界经济将全部面临通货紧缩。

多年来,美联储的货币政策都以降低通货膨胀为主要目标,美联储主席大多数时间所关心的问题通常只有经济过热、通胀过热等,而这次格林斯潘竟然令人意外地将通缩问题摆到演讲台上,顿时触发了世界各地市场对美国货币政策的揣测,在世界经济和金融界引起轩然大波。

资金流向及经济数据反映,通缩问题已迫在眉睫。经济学家们指出,亚洲金融风暴除了引导资金流向优质投资外,也导致了全球的经济衰退,人们对此的忧虑导致大量资金涌入美国债券及股票市场,所以美国股市在亚洲股市纷纷暴跌期间,不跌反升,由1997年7月份至1998年春季累升超过30%。

经济数据方面,原材料价格和消费物价的增长也在下降,1997年11月份美国消费物价指数较上一年度同期增长只有1.8%,为自1986年以来的最低纪录。正如格林斯潘所说,美国通胀率在失业率处于历史低水平及经济增长持续强劲下仍然回落至只有1.8%,这已是非传统知识所能解释的了。

通货膨胀以一种前所未有的速度降低它的热度,这一现象表明,经济的发展正向着一个低价格或者说通货紧缩的阶段踏步迈进。

这一切都是继大萧条期以来人们所从未经历过的。经济学家加里·希林在1998年出版的《通货紧缩》一书中预言:在今后10年里,美国的消费物价将平均每年下降1%~2%。国际金融杀手索罗斯也预言全球经济濒临通缩。

另外一些专家学者则发表了不同看法,他们认为世界经济面临通缩的严峻挑战这种担忧是荒唐的,其理由是:第一,工业品价格下跌是由于技术革新引起的；第二，欧美经济表现良好，美国可能在享受良性通货紧缩，这是信息技术进步和竞争加剧的结果。他们认为，技术革命比如电脑和电信技术的发展使得成本和物价下降，这样的通货紧缩并不是坏事。消费开支兴旺和货币供应量以两位数的幅度增长表明，至少在短期内美国将不会有发生恶性通货紧缩之虞。美国的低通货膨胀是经济上的一笔意外收获。在通货膨胀得到控制的情况下，美联储迟迟没有提高利率，从而延长了经济扩张周期，其周期之长超过大多数经济学家认为可能的时间范围。

在1998年，确实出现了经济衰退的迹象，按美元计算的"世界商品价格指数"7月份下降0.8%后，8月份又较上月下降1.6%。格林斯潘担心会出现20世纪30年代的大萧条，于9月、10月、11月接连3次降息，以制止美国通货紧缩的出现，并防止全球性的经济滑坡。

在格林斯潘的精心治理下，美国在20世纪90年代出现了一个许多经济学家都认为不可能出现的奇迹——零通胀型增长！

支持新经济

进入20世纪90年代后,随着高新技术的飞速发展和经济的全球化,美国经济在低通胀、低失业率的状态下连续数年保持增长,这是自大规模工业化以来从未有过的奇迹。美国经济界一些专家把它归功于"新经济",认为这是"冷战"结束后高科技产业迅猛发展从而带动本国劳动生产率提高的结果。

格林斯潘对这些新经济现象也予以了认真的分析,最终他将美国长期保持经济繁荣归因于以下三个主要方面:

首先,高新技术的大量投资,促进了生产力的大大提高。格林斯潘认为,美国在电脑和其他节省劳动力的新技术上的大量投资,正在极大地提高生产率,使得失业率虽然下降却没有引起通货膨胀。美国商业机器公司、美国电报电话公司、微软公司、英特尔公司乃至雅虎公司,由于抓住了技术创新这一关键环节,显示出极猛的发展势头,使美国经济的发展相对于几个对手国家和地区具有了无可争议的优势。

由于受到高科技的猛烈推动,美国的产业结构、投资方向、企业重组都发生了深刻的变化,夕阳行业加速下坠,朝阳行业加速飞升。格林斯潘认为，高新技术革命给美国经济带来了新的活力。据此，他提出一个重要观点：生产率的提高使通货膨胀受到抑制，高科技经济本身就是抵御通货膨胀的"天然卫士"。

其次是市场对美国企业资产估价的上升。

格林斯潘说："在通货膨胀降低、竞争加剧以及我们企业表现出灵活性和适应性的情况下，它们得以利用技术的迅速变革，使得我们的股本能够创造更多的经济价值，更加有利可图。我认为，这种升值的认识过程已经在股票市场中产生了资本收益，从而降低了在新的工厂和设备方面的投资成本，刺激了消费。虽然资产价值对美国的经济来说非常重要，因此必须受到美联储的严格监督和仔细评估，可是它们本身并不是货币政策的目标。我们必须像1998年秋天一样对金融市场的变化作出反应，但是我们的目标是美国经济实现最大程度的增长，不是资产价格的一些特定的水平。"

格林斯潘对经济增长原因分析得出的第三个结论，是工人素质的普遍提高和就业紧迫感的增大。格林斯潘认为，经济全球化加上企业大兼并、大裁员的惊涛骇浪，使得今天员工们选择职业的心理产生了一系列变化：为了不致被淘汰，现在的劳动者比上一代劳动者的适应能力更强、更乐于学习新技术、更为重视其职业稳定与否，而更少重视提高工资，也更愿意凭借工作能力强而多挣钱，这就降低了提高工资推动通货膨胀的风险。

格林斯潘认为，美国经济正在以与过去经济周期迥然不同的方式运作，美国企业界在技术方面的高额投资使生产率大大提高，通货膨胀的风险则变得越来越小。故而在对待经济发展与治理通货膨胀这一两难问题上，格林斯潘开始倾向于发展经济，而对通货膨胀采取"冷处理"。

这在以前是不可想象的，格林斯潘一直是对通货膨胀坚决主战的"鹰派"，如果在过去，经济发展如此之热，美联储主席早已领导一班人马，忙着为防止通货膨胀的加剧而拧紧水龙头、大踩刹车了。可是在过去3年里，美联储几乎没有对利率作任何改动，仅仅只在1997年3月，小幅度地提高过一次利率。有人称赞说，格林斯潘的这种"无为而治"，正是一种"治"：应该不动时就不动，这才是一种恰到好处的难得的造诣。

1996年1月，美联储不少委员觉得经济已经有点烫手，通货膨胀的威胁迫在眉睫，必须提高利率。格林斯潘的看法恰恰相反，他打算再次降低利率，支持经济的"软着陆"。

1996年7月、9月和1997年5月，美国经济发展的势头更猛，也更使人担心通货膨胀被引发，美联储很多委员都忍不住发出呼吁，要把利率提高0.5个百分点，但格林斯潘几度说服同事：通货膨胀的威胁并不确实存在。大家听从了格林斯潘关于"冷处理"的意见，决定等待更多的数据之后再行动。

只是在1997年3月25日，格林斯潘决定将利率略为提升一下，幅度为0.25个百分点，这作为一个"保险政策"，以防他对经济走向缓慢这一预测有误，通货膨胀不期而至。此时正是他4月份再婚的前夕，华尔街一些人开玩笑说，格林斯潘宣布提高利率，只不过是担心那些炒家趁着他去度蜜月，把股票炒到天上去。

1998年5月，美国经济以近4%的速度增长，失业率低于5%。依照以往的惯例，低于这个水平就几乎可以肯定会诱发通货膨胀，几乎所有人都倾向于大幅度提高利率，但格林斯潘依旧坚持不必提高，他向各位同行说，美国经济出现增长速度放慢的迹象，更重要的是，对新技术年复一年的大量投资终于开始得到回报，生产率取得大幅增长。最后表决时，大家被格林斯潘说服，几乎一致同意不增加利率。

保守派经济学者朱迪·谢尔顿说："他（格林斯潘）乐于接受我们已经进入一个新经济时代的现实，他对市场经济的有机本质笃信不疑。"

当然，格林斯潘也时刻对通货膨胀的信号保持警惕，如果经济成长"真的过快"，他必定会急下狠手，迅速提高利率。

挤掉股市泡沫

1996年12月5日,在美国企业公共政策研究所为他举办的招待会上,格林斯潘吐出了一句名言,立马抓住了人们的想象力,它在一段时间里成了格林斯潘的口头禅和口号。那天晚上,格林斯潘暗示投资人也许患上了"非理性狂热症"。

会上,格林斯潘在谈到日本的泡沫经济时问道:"我们又如何知道什么时候非理性狂热不适当地抬高了资产的价值,从而导致突如其来的长期经济收缩呢?如同过去10年日本发生的那样。"

格林斯潘突如其来的这番话,让听众们马上竖起了耳朵。格林斯潘的意思似乎是,股市价格过高。他似乎在把美国红火的股市比作日本的泡沫经济。在场的一些报社记者赶紧记下格林斯潘的话,立即发出新闻稿。

对一位美联储主席来说,直接评论股市极不寻常。美联储并不直接控制股票价格,美联储最关心的是国内生产总值的增长。那么格林斯潘为何突然关心起股市来了呢?

因为格林斯潘意识到美国股市中已经出现泡沫。

1995年，股市出现了互联网奇迹，网景公司的股票价格在交易首日即上涨了108%；易趣的股票则从18美元冲到47美元，收益率为163%；环球公司首次公开发行股票时，第一天股票价格就从9美元狂飙到了97美元，一天收益率达到978%！一家互联网门户公司以10.50美元的价格发行股票，并且发出警告："在可预见的未来"会有损失，"不能保证公司会获得收益"。即便如此，投资者也并未因此而罢手，而是投入了更大的热情，在交易日的第一天就将股价推至25美元，公司收益率达到138%……

整个美国都沉浸在互联网传奇中不能自拔，开始上演一部"美国疯狂"。

疯狂一轮接着一轮，1997年，道琼斯工业指数上升到7000点。此时，格林斯潘和同事们大都确认，股市的泡沫会影响整体经济的价格稳定水平。美联储决定将利率提高25个基点，达到5.5%的水平。热火朝天的股市在美联储提高利率大概一周后才有所反应，下跌了500点，但接下来的几周，股市又重新上升到7800点。泡沫不但没有被消除，反而成了一个越滚越大的雪球。纳斯达克市场以网络股为代表的高科技股票一路高歌猛进，尽管这些股票身后的公司简直不足挂齿，糟糕的财政状况、连续的经营亏损、严重的现金流量不足，然而在股市上，这些公司的股价却以平均1800%的速度飞速膨胀。

自道琼斯指数超过6000点，美联储主席格林斯潘就一直担心美国股市有泡沫成分，股价超过了公司利润的增加，许多美国人用从股市挣得的资金无节制地增加消费，这无疑是危险的。格林斯潘在国会作证过程中多次发出警告说，美国股市过热。他说，道琼斯30种工业股票平均价格指数为9400点左右，而1996年底时仅为6400点，现在是"毫无根据的狂热"。

格林斯潘动了不少脑筋来考虑如何应付市场的这种非理性热情，他试图通过讲话放风给市场降温，但只在短时间里发挥了作用。他说："你要干预市场，打破泡沫，可这里存在一个很大的难题：你得比市场知道得多才行。适当的时机是又一个难题，你可能打破得太早了，于是它又鼓胀起来；下一次，你又可能发现泡沫已经胀得太大了。于是人们就会质疑，我们是管什么的，对于是不是真的存在泡沫，谁来作出判断？"

终于，格林斯潘还是出手了。2000年3月底，美联储宣布，将联邦基金利率和贴现率各提高25个基点，分别调至6%和5.5%。随着网络泡沫被挤压，各家网络公司的财务状况开始恶化。据华尔街的一份调查显示：2000年至少有51家网络公司面临现金不足的问题，随时有倒闭的危险，同时有74%的网络公司的现金周转出现了严重问题。

泡沫可怕，但泡沫刺破后的后果更可怕。美国总共有371家网络公司上市，总市值达1.3万亿美元，为整个华尔街股市市值的8%。一旦这些公司倒闭，多米诺骨牌效应就很难避免，最终整个股市都会受到牵连，遭受到致命的打击。那么，格林斯潘为什么选在此时下手挤泡沫呢？因为他敏锐地发觉到，投资人正在变得理智起来。

格林斯潘经过调查，发现经过几年网络概念股的牛市，大部分投资人已变得小心谨慎、注意观望，不再像从前那样赶风潮。他们中有的在追随网络股的同时，也增持那些晶片类、软件类和网络基础设施类的科技蓝筹股；有的则身跨新旧经济两类股票，以防万一。此类动态已在市场资金流向中得到了充分的显现。

科恩女士是高盛集团的基金经理，同时也是一位资深的证券分析师，在业界享有盛誉。在网络股红遍全美的时期，高盛集团也投资了许多网络股，可是在3月28日，也就是格林斯潘宣布加息几日后，科恩便开始将其投资组合中股票所占份额调降了5%，使其保持在65%的水平上，并将现金份额调升至5%。这一消息一经传开，马上在市场上引发了"地震式"的效应，其他投资者在心理上对网络科技股的信心大打折扣，纷纷大举抛出股票，导致纳斯达克股市在该日始终处于抛盘打压之下。当日，纳斯达克综合指数下跌124.56点，收盘于4834点，跌幅达2.5%。

作为华尔街极负盛名和影响力的证券分析师，科恩建议投资者降低股票持有份额。她还表示，不再向投资者过多推荐科技股，同时她表示看好金融、基本材料及能源板块。

在格林斯潘看来，投资人理智的回归就是挤掉泡沫的最佳时机。

对金融危机的思考

20世纪90年代从东南亚刮起,随后席卷全球的这场金融风暴,它的根源是什么?又有哪些内因和外因?世界各国的政要、金融家、经济学家、历史学家众说纷纭。作为美联储的主席,格林斯潘以一个世界级金融领导者的眼光和智慧,从多个侧面对此次亚洲金融危机进行了分析。

格林斯潘认为,亚洲经济危机的根源在于经济制度存在很大的缺陷。亚洲国家的国民经济增长很快,但是银行的改善和加强没有跟上,同时政府同商界也没有保持必要的距离。在韩国、印度尼西亚等国,金融系统的经营不善,与这些国家政治上的腐败密切相关。

格林斯潘指出:如果说"泡沫经济"的崩溃是亚洲金融危机的催化剂,那么,经济模式和结构不良则是导致亚洲各国经济灾难的致命内伤。格林斯潘指出:在经济全球化的大趋势下,亚洲新兴工业化国家迅速融入国际金融市场一体化进程。在这一进程中,各国产业结构和经济模式的脆弱性与不合理性也日渐暴露出来,例如过分依赖外资流入推动经济发展、外资投入结构不合理、出口结构和管理也存在着诸多不良因素、市场开放与金融自由化急于求成、监管措施和机构不完备、过快地取消外汇管制等。

格林斯潘认为,所有这些问题的出现,才导致了危机的发生。一个能干的管理者和一个优秀的政府在出现这些问题的苗头时,完全能够做到提前预防和控制,避免灾难性的危机发生。

格林斯潘认为,全球银行服务能力过剩,也是造成金融危机的重要根源之一。亚洲银行的脆弱,在于其很难适应更加严峻的环境,一小批银行在巨额信贷中占有重要地位,应付竞争和环境压力的能力不强,防范风险的机制不健全,所以在最大银行发生麻烦时,整个经济都要遭殃。因此,有必要取消一定数目的银行,加速兼并和收购。

格林斯潘关于金融危机的另一个重要观点是,金融危机有可能从银行系统开始。根据 IMF 的报告,在过去的 15 年里,2/3 的成员国银行体系存在着明显的问题。1998 年 5 月 7 日,在芝加哥举行的国际银行会议上,格林斯潘就银行结构和联邦储备银行的竞争发表讲话,指出央行有责任制定并执行谨慎的管理标准,必要时还可以直接干预市场以防止金融系统出现严重混乱。

格林斯潘认为,亚洲金融危机币值暴跌的根源不在于面对国家经济急剧衰退而产生的理性反应,而是出自"极度蔓延开来的本能恐惧感"。这种恐惧造成投资者大规模后撤,亚洲货币严重贬值。

格林斯潘十分重视一个主权国家的金融危机及其对世界金融市场的传染所带来的危害,甚至把这一危害的严重性提高到关系社会安定和政局稳定的高度上来。他说:"最令人关心的事情是系统风险——即当一个金融机构倒闭或者某一国家的金融市场出现崩溃时,它必然会传染给健康的金融机构或别的国家的金融市场,从而给整个国家的金融秩序和世界金融市场造成严重危害。"

格林斯潘强调说:"这是一个值得重视的问题。因为金融危机导致的后果不仅仅只是经济问题,而且还影响到国家政治的稳定,甚至对维系民主社会所必须的必要条件产生至关重要的不良影响。"

1997年6月12日,格林斯潘在美国国际经济学院发表演讲,向华盛顿的经济学家们讲解了金融全球化发展及全球金融稳定问题。他认为,世界金融全球化发展,特别是发展中国家的新兴金融市场的惊人发展,加大了全球金融危机的潜在因素,全球金融的动荡及其传播速度都在加剧。

格林斯潘指出,金融一体化本身带有极大的危险性。凭借现代化的科技手段,资金的流动速度简直使人瞠目结舌,当今世界没有哪个国家能对资金的飞速转移予以有效的控制。几百亿、上千亿美元的资本突然地在几个月的时间里涌向一个国家,因种种原因,又在瞬息之间大量调走,从而对一些开放了的中等国家的经济产生了巨大的冲击。这种风险在国际上更加明显,现在外汇交易的90%不是同生产、贸易相结合,而是成为趋利的、投机的资本,使国际金融处于动荡之中。这就是所谓的金融全球化风险。

格林斯潘认为,新技术革命的发展、经济全球化等原因,使经济危机、金融危机与政治危机的联系更加紧密,有可能引发社会冲突和国内战争,甚至会引发国际间的战争。

作为美元帝国的君主,格林斯潘深入研究,并系统总结了金融系统如何防范金融危机这一重大问题。

面对金融危机的严峻挑战,格林斯潘强调,一个稳定而富有弹性的金融体系是必要的。他指出,建立全球经济秩序的一个关键环节,是保持国际金融市场的稳健有力、富有弹性和充满活力。

格林斯潘认为,全球金融网络的建设要以信息传输网络为基础,各国金融监管机构与国际金融组织要进一步促进信息流动,达到信息共享目的。全球金融监管网络要以增强国家监管组织和国际监管组织的监管能力为手段,达到有效监管从事国际金融业务的金融机构的目的。

格林斯潘说，在丹佛召开的1997年西方七国首脑会议上，这些西方发达国家的决策者们采取了一系列措施构筑全球金融信息网络，这一网络至少要达到下列4个目的：

1. 以此来提高国家管理当局监管从事国际金融业务的机构的能力；
2. 为全球金融管理机构建立一套监管原则作出贡献；
3. 为改善衍生金融工具的汇兑和监管制度创造条件；
4. 为减少国际外汇交易结算风险创造条件。

格林斯潘肯定了美国在构筑国际金融监管体系中的贡献，并强调要继续发挥领导作用。

格林斯潘认为，各国家政府，包括中央银行在内，负有与它们的银行系统和金融系统有关、而且必须同时兼顾的某些责任。中央银行有责任防止金融市场出现严重的混乱，办法是制定并执行谨慎的管理标准，在罕见的情况下，如果必要的话，还得直接干预金融市场。但是，中央银行也有责任确保私营机构有能力谨慎地适当地承担风险，即使这种风险有时会造成意想不到的银行亏损或银行倒闭。因此，作为监督者的目标不应当是防止一切银行倒闭，而是应当采取谨慎而正当的方法，以便阻止发生问题的银行成为普遍现象，要努力通过官方的条例以及正式和非正式的监督政策和秩序来做到适当的平衡。

第九章
盛大的落幕

2006年1月31日,在执掌美联储18年后,在个人声望如日中天的时刻,80岁高龄的格林斯潘卸下了美联储主席的职位。在最辉煌的时刻选择离开,选择急流勇退,这注定是一次盛大的落幕。格林斯潘这位全球金融统御者,他的人生就此画上了一个圆满的句号吗?不,因为就在他卸任一年之后,席卷全球的美国次贷危机爆发了……

鼎力襄助

2000年11月,前任布什总统的儿子乔治·沃克·布什在总统大选中战胜民主党的戈尔,当选为美国第43任总统。

尽管前任布什总统一直对格林斯潘心怀怨恨,但如今格林斯潘已是金融界的霸主,谁也不敢对他加以小视,因而小布什一入主白宫,便同克林顿当年一般,邀请格林斯潘在华府麦迪逊旅馆共进午餐。那一天是12月18日,格林斯潘清早8时抵达旅馆,先与小布什交谈了15分钟,接着小布什的经济顾问劳伦斯·林赛也参加进来。2000年大选前,美联储连续6次加息,美国经济与华尔街股市均低迷不振,小布什急欲刺激经济。

2001年1月3日,距离小布什宣誓就职还有十几天,美联储宣布减息0.5个百分点。这次减息决定,不是在联储公开市场委员会的例行会议上作出的,而是在两次会期之间采取的特别行动。1月31日,格林斯潘再度减息0.5个百分点。

新上任的布什总统似乎运气不佳,两次大幅减息未收到任何成效。格林斯潘在3月、4月和5月继续减息,每次降低利率半个百分点。减息行动一直持续到夏天，联邦基准利率已经降低到10年来的最低水平。可是经济形势看起来仍不容乐观，股市回天乏力，失业率则高位复出。

屋漏偏逢连夜雨，下半年，美国突然发生了震惊世界的"911"事件，由此进入战争状态，全球股市骤然损失1万亿美元市值，克林顿政府时期积累的预算盈余也在小布什入主白宫后的9个月内花光，2002年开始出现1580亿美元的庞大赤字。

与此同时，经济界也出现了严重的问题。2001年10月，美国能源巨人恩龙公司被爆出做假账，金额高达6亿美元；11月30日，恩龙公司股价跌至0.26美元，市值由高峰时的800亿美元缩水为2亿美元。12月2日，恩龙正式向破产法院申请破产保护，破产清单中所列资产高达498亿美元，成为美国历史上最大的破产企业。

2002年5月，美国最大的证券经纪公司美林公司"不适当咨询"曝光，被罚款1亿美元，濒临破产边缘。

2002年6月，施乐公司被告虚报高达64亿美元的销售收入，主要人员因此而遭到判刑；世界通信公司制作假账38亿美元的消息被曝光，5名公司高层走上了法庭。

2002年7月，全球三大制药公司之一的默克公司被曝虚报收入124亿美元。

根据可靠的数据推断，美国至少有1/3的大公司都在做假账。那些赫赫有名的公司顿时在大众心中的可信度降到了史无前例的最低点，由此引发了华尔街的信用危机。7月19日，道琼斯指数狂跌390点，其他市场指数也如雪崩般纷纷跌落。

7月21日，世界通信公司正式向美国破产法院提出破产申请，破产涉案金额高达1300多亿美元，刷新美国企业破产的最高纪录。媒体说："这是美国继'911'事件后最为严峻的考验，恩龙和世界通信使美国经济损失了 400 多亿美元，骗走了所有人的信任。"

民众开始恐慌起来，股票已经变得一文不值，他们开始担心自己的就业、生活和养老金。

格林斯潘不得不同布什总统联手，一起共渡难关。小布什遵守自己不干预美联储独立性的诺言，而格林斯潘则经常出入白宫，为小布什出谋划策。这在历史上是非常罕见的，联储主席为了维护联储独立的形象，很少与在任总统亲密往来。格林斯潘经常与小布什在白宫小餐厅进餐，一般由切尼和卡德等人作陪。格林斯潘说，在这类会晤中，他自己讲话最多，以致没有时间吃饭，只好带一点回去，在联储会办公室吃。

格林斯潘全力襄助小布什，"911"当天便宣布向金融市场注入 380 亿美元资金，3 天后再次注入 700 亿美元，并促使欧洲央行向金融市场注入 1300 亿欧元，以保证金融市场的流动性。就在美国股市复市前两个小时，他又突然宣布降息 0.5 个百分点，此后又连续 3 次降息，使联邦基金利率降到近 40 年来的最低水平至 1.25%。一时间，华尔街一片欢呼雀跃、热闹非凡。

到 2002 年 6 月底，格林斯潘进一步把利率降低到 1%。在短期利率降到创纪录水平的同时，长期房贷利率也大幅下降，30 年房贷利率降低到 20 世纪 60 年代以来的最低水平。房地产市场由此升温，房产价格逐步上涨，到 2004 年，美国的房产拥有率已达到 69%。

2004 年 7 月，格林斯潘在国会作证时说，美国经济不仅已经全面复苏，并且已经进入"自我维持"的增长阶段。格林斯潘的高调评价让投资者重新找到了美国经济复苏的信心，当天纽约汇市收市时，美元走高，欧元对美元的汇率由前一交易日的 1∶1.2436 降到 1∶1.2326。

2004 年 6 月 20 日是格林斯潘第四任任期届满的时间，此时格林斯潘已78岁高龄。美国哥伦比亚广播公司市场观察员卡拉维撰文说，在2004年的某个时候，格林斯潘也许会夹着他的公文包离开埃克尔斯大厦回家去。小布什的首席经济顾问林赛不这么认为，他说："在过去10年间，金融市场至少有20次关于格林斯潘要退休的传说。我前几天与他共进晚餐，他看上去精神不错，他说他哪也不想去。"

2004年4月22日，白宫召开记者招待会，小布什在接受专业财经记者采访时，有记者提起当天正接受一个小手术的格林斯潘，询问总统是否会继续提名格林斯潘连任，小布什毫不犹豫地回答道："当然了，我认为艾伦·格林斯潘应该再干上一任。"但在随后的新闻发布会上，白宫发言人弗莱舍措辞谨慎地解释称，布什总统只是顺着记者的提问回答问题而已。毕竟在未征得格林斯潘本人同意前，小布什不可能肯定这个决定，如果到时候白宫发现自己只不过是一厢情愿，岂不是太没面子？

然而白宫也知道，这种猜测拖的时间越久，对美国经济越不利，人们已经习惯了有格林斯潘的美联储。2000年6月24日，格林斯潘曾因为交通受阻，没能按原定时间赶到芝加哥出席美联储芝加哥银行董事会议，半个小时之后，纽约股市、芝加哥期货市场就传出格林斯潘发生车祸的消息，并引起了市场动荡，美联储不得不为此紧急辟谣。

于是，2004年5月18日，白宫发言人麦克拉伦宣布了布什总统对格林斯潘的提名。麦克拉伦郑重宣读道："总统今天宣布，他将再次提名艾伦·格林斯潘出任美联储主席一职，任期不超过4年。"在声明中，小布什称赞格林斯潘"出色的财政和金融政策激发了美国工人和企业家的潜能，使得美国经济处于20年来发展最快的时期"。

隔日，格林斯潘也发表声明表示："如果布什总统再次提名我，参议院也通过审查，我将乐于连任。"消息宣布当天，道琼斯工业平均指数飙升

156点，这是一个月以来道琼斯指数的最高收盘点。收盘后，美联储发表声明，格林斯潘的手术非常成功，他本周就会回到工作岗位。

格林斯潘到任后，为防止通货膨胀，确保美国经济保持持续稳定增长，开始提高联邦基准利率。这一过程从2004年开始，一直持续到他2006年1月31日退休时为止。在他主持的最后一次美联储公开市场委员会会议上，美联储第14次加息，联邦基金利率达到近5年来的最高水平。

有人说，格林斯潘一生都在为美国的经济殚精竭虑，并解决了无数难题。不过就在其年届八旬即将解甲归田时，却给布什总统及美国政府出了一个巨大的难题：谁能挑起未来美联储这副重担？

尽管布什也给自己留出了足够的时间来寻找接班人，但是谁会是格林斯潘的最终接班人？他将把美国经济带向何方？还是引起了国际舆论的广泛关注。

不论是谁最后从格林斯潘手中接过接力棒，都必须勇敢而坚定地引领美国乃至世界经济的走向，这样的稀缺人物是不易发现的。一名前政府官员曾说，白宫迟迟不能敲定格林斯潘的接班人，原因不难理解，这位人选不但要对货币政策有透彻的理解，还要有金融市场方面的经验，同时要具备洞察商业活动与市场的能力，而不是仅仅依据经济统计数据来作出决策；此外，此人还将受到党派色彩的限制，布什在情感上不希望任命非共和党的人士担任这一职位。

据说布什为此专门发了一则寻人启事："现寻求一位对经济问题有深入了解的专家，他应在华尔街享有良好的信誉，在任何时候、任何地区都能够从容应对金融危机，他还应有娴熟的政治驾驭能力，能够促成共识。他处变不惊，镇定自若，最好有一定的商业经验。有意者请联系白宫的布什总统。"

如果这则消息出现在前几年,人们一定会问,是不是格林斯潘先生失踪了?因为能够同时符合这些条件的人只有格林斯潘啊!当然,这仅仅是一个玩笑。不过,广告里的人物特征显然带有格林斯潘的影子,一定程度上反映了布什政府的心态。舆论甚至开玩笑说,寻找格林斯潘合适的接班人是布什第二任期内最重要的工作之一。

退位的政治明星

2005年10月24日,美国总统布什宣布,他将提名总统经济顾问委员会主席本·伯南克接替格林斯潘,出任下任美联储主席。

在美联储的舞台上表演了18年,终于到了告别的时刻,2006年1月31日,格林斯潘挂冠归隐。这一天距他的80岁生日还有33天。到这一天为止,格林斯潘担任美联储主席一职共18年5个月20天,比1951—1970年担任这一职务的小威廉·迈克切斯内·马丁仅少4个月。

自从1987年被里根总统任命为联邦储备委员会主席以来,艾伦·格林斯潘对美国经济的影响力无人能及,被誉为"世界上最有权势的人士之一""最伟大的央行行长""经济沙皇""美元总统""拯救了世界的人"。2002年,在格林斯潘的声誉达到顶峰之时,英国女王授予他"爵士"封号,英国首相戈登·布朗说,这是为了表彰格林斯潘为"全球经济稳定所作出的杰出贡献"。

布什在公开演讲中不吝溢美之词,他说:"在本届政府执政不到5年的时间里,取得的经济成就比前任总统二届任期都高。不过,这一切都离不开一位重要的人物,那就是担任美联储主席18年之久的格林斯潘。"

毋庸置疑,在格林斯潘长达18年的美联储岁月里,美国经济只出现过两次温和衰退,在格林斯潘的领导下,美联储应对了纽约股市大崩盘、亚洲金融危机、技术股泡沫破灭以及"911"恐怖袭击等一系列重大危机,创造了长达10年之久的经济持续增长,创造了经济在低通货膨胀率、低失业率条件下快速增长的奇迹。

作为美国经济的总舵手,格林斯潘历经里根、老布什、克林顿和小布什4任总统,是美联储历史上任期较长、威望最高的主席。18年来,格林斯潘以果断坚定的作风驾驶美国经济这艘巨轮,一次次绕开激流和险滩,历经风雨洗礼,始终平稳地前行。

格林斯潘是美国乃至世界投资者的"定心丸",也是无可争议的政治明星。在美国,有51%的家庭投资股票市场,尽管美联储究竟是个什么机构,绝大多数人都弄不明白,但恰恰因为他们觉得美联储神秘莫测,才对格林斯潘神魂颠倒。

无论这位美联储主席作的听证重要不重要,全国广播公司有线新闻台都实况转播,它开播了一个叫《公文包线索》的节目。依照节目的设想,联邦公开市场委员会开会那天,通过观察格林斯潘的公文包是鼓是瘪可以揣测利率的走向:公文包若是鼓鼓囊囊的话,十有八九格林斯潘读了大量的材料,费了不少脑子思考问题,因此利率很有可能会有变化;公文包若是瘪瘪的,说明美联储主席比较轻松,利率因而也不大可能变化。按全国广播公司的说法,他们根据这一线索推测利率走向,头20次共猜对了19次。当然,大多数时候,美联储的"决定"不过是维持利率不变而已。

每逢联邦公开市场委员会开会时,全国广播公司有线新闻台的摄影师便守候在格林斯潘步行到美联储大厦的路上,节目制作人根据他的表情决定当天节目配什么样的主题音乐。如果格林斯潘看上去谨慎小心,制作人会借用电影《碟中谍》里的主题音乐；如果他显得信心十足，就换成歌曲《大人物先生》。电视台的节目主持人随后在播音室里正式宣布裁判结果：公文包是鼓还是瘪，利率是变还是不变。

这一节目大受观众欢迎，以至于其他电视台纷纷仿效。

网络上也有大量有关格林斯潘的消息。各种与格林斯潘有关的网址层出不穷，其中有一个网站叫"格林斯潘游戏"。该网站有一个名曰"美联储语言"的功能，可以造出比格林斯潘本人讲过的话更难懂的发言。电脑软件以1999年7月格林斯潘在汉弗莱－霍金斯听证会上的发言为底稿，随意掺入一些毫无意义的短句。格林斯潘的这篇讲话被打乱和分解后，重新组合成了40种不同的说法，比如："谢谢诸位给我这个机会答复批评我的人。他们声称，美联储提交的关于我在一场绳球游戏中大败鲁宾的半年期报告，其中每个字都是我杜撰出来的。"

一个叫博伊德的画家在网上出售格林斯潘的画像，每张75美元，画像上写着："理性狂热"。另一位名叫埃琳·克罗的女画家比他更进一步，她举办了一个名为"再见，格林斯潘"的画展，展出几十幅表现不同表情和语气的格林斯潘。人们争相抢购，仅仅一天，18幅肖像画就都卖完了。埃琳还曾在美国全国广播公司有线电视台的节目上为格林斯潘现场创作肖像，随后画像在ebay上拍卖，结果拍出了15.04万美元的高价。

《A&E人物志》把格林斯潘选为"最迷人的人"，在他后面的其他前十名人物包括歌星雪儿、著名高尔夫球手老虎伍兹、拉丁天王瑞奇·马丁和南斯拉夫的政治强人米洛舍维奇。

格林斯潘还上了动画片《辛普森一家》，至少剧中有一个长得像这位美联储主席的动画人物。故事情节是：莉萨当上了总统，巴特想与美联储主席套近乎，可格林斯潘不睬他。

第九章
盛大的落幕

在一部格林斯潘的传记中，作者贾斯汀·马丁把格林斯潘描述成"美国第一位美联储明星"。格林斯潘之所以能够拥有如此地位，是因为人们已经开始感受到美联储在经济管理中的巨大作用。由于经常在电视上露面，格林斯潘的一张脸几乎成了经济和金融市场繁荣的标志性符号，记者们常常用"格林斯潘"一词来代表整个美联储。在民众的心目中，是格林斯潘一个人在调节政策杠杆，推动美国经济和市场沿着正确的轨道前进。1987和1998年，格林斯潘两次出手挽救了市场，这使他得到了投资者们的无限爱戴。

在华盛顿的社交圈子里，格林斯潘也同样红得发紫，"格林斯潘如今已处在社会金字塔的顶端，华盛顿无人不想看到他成为自己家宴的座上宾。"《华盛顿邮报》的漫谈专栏作家格罗夫说。

《华盛顿邮报》的竞争对手《华盛顿时报》的社会版编辑查菲说："格林斯潘绝对是头面人物。第一号人物当然一向是总统，可格林斯潘在社会上人气极旺，超过了在他之前的历届美联储主席。"

格林斯潘和米切尔与许多社会名流都是密友，如公共电视台的主持人莱尔夫妇，世界银行行长沃尔芬森夫妇，华盛顿社交圈内地位最高的女性、退休的《华盛顿邮报》董事长格雷厄姆夫人——她的父亲梅尔在1930—1933年也曾任美联储主席。

每年一次的白宫记者宴会，格林斯潘夫妇都在应邀之列，宴会上社会名流如云，如女歌星斯特赖桑德、演员沃伦·比蒂和莎朗·斯通。通常总统也会出席这次晚宴。

其他社交活动还包括布雷德利夫妇举办的新年除夕晚会。布雷德利是《华盛顿邮报》的前编辑，他的夫人是华盛顿的社交之花。晚会在这对夫妇位于华盛顿乔治敦区的豪宅举行，有资格受到邀请的客人并不很多，只有大约100人。

每逢7月4日美国国庆节这一天，美联储也举办自己的盛大晚会。格林斯潘及其他美联储官员借此机会与政府部门和媒体的头面人物联络感情。从美联储大厦向外眺望，华盛顿购物中心上空绽开的五彩缤纷的礼花绚丽而辉煌。

人生就如同一条起起落落、谷底谷峰不断交替的曲线。回望过去，谁能想到这位执掌美联储18年、为美国经济指引方向的"神"，曾经囊中羞涩，在纽约街头吹单簧管？

无与伦比的影响力

格林斯潘执掌美联储18年,在金融界影响巨大,如今虽然离职退休,但其一言一行仍备受市场关注,不经意间说出的话,也能够引起一场风波。

刚卸任没几天,格林斯潘出席由雷曼兄弟控股公司组织的餐会,席间无意中说,美国的短期利率应该进一步提高。没想到此言一出,美国短期债券市场立即全线上扬。

2007年2月26日,格林斯潘通过卫星联机参加一个由新加坡、中国香港和澳大利亚等地举行的经济论坛。有人问:"绍罗什认为美国经济将会'硬着陆',并在2007年陷入衰退,你是否同意他的看法?是不是觉得太悲观了?"格林斯潘回答说:"当你认为离衰退还很远时,各种因素总是正导向下一次衰退,我们也确实开始看到这种信号,比如在美国,利润经过此前的大幅增长后,已经平稳下来,这就是我们处于繁荣周期后期的一个信号。"

此言一出,立即引起资本市场的极大恐慌,加上其他诸多复杂因素,纽约股市在第二天出现了"911"以来最大的跌幅，经过一段时间好不容易积累起来的上涨登时化为乌有。

格林斯潘也被市场的反应吓到了，赶紧对自己所说的话作出"修正"，他说："人们可能认为，美国经济会在今年年底前陷入衰退，但我认为这不可能发生。"同时他说，美国和世界经济近期都有不错表现，不过不能因此就断言这种状况将长期持续。

美国官员也再三表示，美国经济正常运行。这一事件甚至惊动了总统布什，他打电话向财政部长保尔森询问是怎么回事，接替格林斯潘的伯南克随即在国会听证会上"澄清"：美联储并不认为美国经济发生了任何"实质性的变化"，美国经济仍将保持"适度增长"。

格林斯潘的余威犹在，他自然也要利用这一点为自己创造财富。他重新开了一家咨询公司——格林斯潘联合事务所。格林斯潘规定，事务所的客户总数不超过12家，而且一个行业只能有一家客户。消息一出，太平洋投资管理公司立即成了他的第一个客户，他接受了太平洋投资管理公司特别顾问这一职位。太平洋公司隶属世界金融服务巨头安联集团，总部设在加利福尼亚。根据双方协议，格林斯潘作为特别顾问参加太平洋投资管理公司每季度的经济论坛，并同证券管理者私下评价、预测美联储的存款利率等政策。此外，他还参与定期举办的电视电话会议，同公司高级管理人士就具体问题交流看法。

德意志银行则是其第二个客户，德意志银行管理委员会主席兼集团执行委员会主席约瑟夫·阿克曼表示，作为现代金融体系的缔造者，格林斯潘具备独一无二的视角，将帮助银行客户进行重大的风险管理决策。德意志银行捷足先登之后，高盛、摩根士丹利和美林等其他投资银行便无法再聘请格林斯潘了。

虽然格林斯潘已年过八旬，但是18年美联储掌门生涯所建立的声望，及其为美国乃至全球经济稳定所立下的汗马功劳,足以令他在退休后依然笼罩于光环之下。美国最著名的华盛顿演讲公司也不放过这位世界级的经济明星,他们热情邀请格林斯潘加入。

华盛顿演讲公司创立于1979年,旗下有160多位名人,包括美国前国务卿奥尔布赖特和鲍威尔、前中央司令部司令弗兰克斯、前白宫发言人弗莱舍以及西班牙前首相阿斯纳尔等重量级人物。

华盛顿演讲公司给格林斯潘开出的价码是一场演讲最高可以达到15万美元,相当于他以前一年的年薪——格林斯潘担任美联储主席时尽管位高权重,但年薪最高也不过18万美元。

以格林斯潘的声望,尽管如此天价,请格林斯潘讲演的人依然络绎不绝。

格林斯潘还在自己家中通过录像,给日本东京的投资家们作演讲,活动主办方为此支付给他12万美元。在给日本投资家的录像演讲中,格林斯潘谈到金价和油价问题,他认为,黄金价格高涨源于投资者对地缘政治冲突的担忧,而低油价时代将一去不返。

格林斯潘的演讲并非都是功利性的,他也会在必要时为世界经济指点迷津,例如对加拿大。在加拿大金融界,多年来一直认为美国财政赤字的必然结果是亚洲国家经常性项目的盈余,这使世界经济处在风险之中,因为一旦投资者突然认定美国无力继续支撑其赤字,对美元丧失信心,那么,加拿大经济乃至世界经济都将出现螺旋式下滑。加拿大的经济与美国紧紧捆绑在一起,因此加拿大银行家们一直把美国的巨大赤字看作是悬在自己头上的达摩克利斯之剑。

对此,格林斯潘解释说:"当前国际市场利率低下、资金供应充足,加之美国经济自身具有很强的自我调节能力,只要美国能够实现经常性项目赤字的有序减少,冷静而平稳地实现国际主要货币汇率的顺利调整,美国经济就可以成功吸收调整带来的冲击。结论是：美国经常性项目逆差并不一定会诱发一场世界经济危机。"对此，美国微软总裁比尔·盖茨也持类似看法。他在访问加拿大时同样指出："今后不仅富人和名人生活会更美好，连整个世界都将会如此。"他反对"中国和印度经济崛起会挑战西方利益"的说法，认为发展的国家越多，得益的国家也就越多。

总之，世界经济存在很多亟待回答的问题，格林斯潘很乐于与各国经济界和政界人士未雨绸缪、共商对策。

最火爆的自传

在开办事务所、参加演讲的同时,格林斯潘还推出了一本自传,名字叫作《动荡年代——新世界中的冒险》。

格林斯潘的一句名言是:"如果你们认为确切地理解了我讲话的含义,那么你们肯定是对我的讲话产生了误解。"因为格林斯潘的每一句话对美国经济乃至全球经济都举足轻重,过大的威力让他刻意含糊其辞,就连克林顿都曾这么评价过他:"每次我们都不知道格林斯潘要讲什么,事实上他讲完之后,我也不知道他讲了什么。"在这本自传中,格林斯潘终于可以一吐为快了。

格老的言论从来都是字字千金,这本新出的自传还没来得及上市,培生集团旗下的企鹅出版公司就给格林斯潘支付了高达850万美元的稿酬,是出版界标价最高的自传之一。此书刚刚上架一周,销量就高达12.9万册,在亚马逊的畅销书排行榜上雄居榜首。

在他刚开始写作时,有人曾担心,一向言语晦涩的格林斯潘如何能把一大堆枯燥的经济问题说清楚,使新书吸引读者。微软公司的电子百科全书编辑克索哈诺维说，格林斯潘"最大的挑战就是用读者能看得懂的语言写书"。不久人们便发现，这种担忧是不必要的，格林斯潘一改以往的措辞含糊不清，对书中涉及的诸多事件与问题出人意料地坦率。

首先让世界媒体为之精神一振的是格林斯潘对伊拉克战争的评论："我感到难过的是，在政治上不方便承认而众所周知的一点：伊拉克战争主要是为了石油。"

虽然美国是为石油而打响这场战争的论调并不新鲜，但是从执掌美联储18年之久的格林斯潘嘴里说出，仍颇具深意也颇惹争议。有媒体评论，格林斯潘这次立场鲜明地站到了布什政府的对面，将有力地鼓舞反战的左派人士；也有评论者认为美国政治的活力正是源于它的多样性，格林斯潘只是倾向于反对大政府的自由派，而战争正是大政府行为中最糟糕的一项，许多支持自由市场的经济学家一般都认为，政治的一切行为都是以财政利益为转移的；更有学者做出大胆猜测，认为格林斯潘此次"失言"，只是美国"丢车保帅"的一种策略，其目的是为布什政府从伊拉克撤军铺好台阶。

不管各方的观点如何针锋相对，做出最大反应的还是白宫。美国国防部长盖茨在表达了对格林斯潘"尊敬"的同时，否认了格林斯潘的指责。盖茨说："在1991年发生波斯湾战争的时候，也有类似的指责，但我不相信这是真的。"

格林斯潘书中的一席话究竟是什么意思，最终还是需要他自己站出来解释。格林斯潘在接受《华盛顿邮报》访问时说："我不是指那是政府的动机。我只是说，若有人问我是否除掉萨达姆，我会说那是必要的。"他澄清道，在美国政府于2003年发动战争之前，自己曾告诉白宫，要保障全球石油供应，除掉萨达姆是"必要"的，支持伊拉克战争的主要目的确实是出于经济考量。格林斯潘说："我的看法是，萨达姆在执政的30年里，很明显地正逐渐控制霍尔木兹海峡。那里每天有1700万至1900万桶石油过境。"而他认为只要石油供应稍有中断，就会造成油价高达每桶120美元，这将造成全球经济陷入混乱，因此除掉萨达姆是"必要的"。

格林斯潘还说，当美国发动伊拉克战争时，他和总统布什一样，相信伊拉克藏有大规模的杀伤性武器，"因为萨达姆表现得很鬼祟，好像尝试保护什么东西。"采访中，格林斯潘明确了自己的观点："因为他残酷地想拿走世界的石油资源，伊拉克对于全世界来说是比伊朗大得多的威胁。"

自1969年以来，除了卡特，格林斯潘和美国的其他总统都曾共事过，所以在回忆录中，格林斯潘对历任总统都作了评价，从尼克松到福特、里根以及老布什。格林斯潘的评价颇为坦率，有褒有贬，他说尼克松"敌视所有人"；里根"有无比清楚的保守主义"；老布什的执政"经济是其软肋"；对于克林顿，虽然格林斯潘"不喜欢他婴儿潮一代的教养和他对摇滚乐的喜爱"，但他们还是"保持着良好的亲密关系，几乎无话不谈"。在格林斯潘的总统排行榜上，只有总统小布什遭到了言辞最为激烈的批评。

格林斯潘在担任美联储主席这一职务时，从来不具体批评共和党或者民主党中的哪个政治家，因为他清楚地知道他的公开评论将在政治与经济圈产生巨大的影响，而这一次，格林斯潘则用不少的笔墨总结了对于小布什深深的失望。他说自己曾敦促小布什否决失控的财政预算，但没有成功，"不行使否决权成为布什的一大特点"，"在我看来，布什的合作而非对抗是一个重大错误"。

他认为布什过于看重自己在竞选时的承诺，为此增加了很多开支，比如医疗保险。他还驳斥了共和党"赤字并不要紧"的观点，认为当权者对于"严谨讨论经济政策"和评估经济政策的长远后果二事都很轻视。格林斯潘坦言，当布什忽略他的大多数建议时，他对新的行政当局的热情就冷却了下来。

对于现任政府中人，格林斯潘也没少批评，虽然这些人大多都是他的老同事，比如副总统切尼。格林斯潘感叹说，人们的想法和理想会随着时间的推移而发生很大的改变，布什和切尼赢得了2000年大选，"当时我认为我们有了一个大好机会，去提前实现有效的、有经济实力的保守党政府和自由市场的理想"，然而"我很快看到我的老朋友突然转向了意想不到的方向"。对于国会中的共和党人，同属共和党阵营的格林斯潘则称他们"为权力放弃原则"，因为极力通过有利于本党利益却损害国库的开支政策是不智之举。

格林斯潘对布什政府财政政策提出的批评，白宫自然不能充耳不闻，白宫新闻发言人专门发表声明称，布什政府代表美国人民的安全利益行事，没有错误可言，事实证明，政府减税是保持经济增长的最好决定之一。当然，除了辩解之外，发言人佩里诺还不忘表示：布什总统对这位美联储前主席十分尊敬。

在人们的记忆中，格林斯潘是一位化解危机的高手，他曾带领市场走出1987年的股市崩盘和1998年的长期资本管理公司危机。2001年，在美国遭遇科技股泡沫破灭以及"911"恐怖袭击之后，他果断地采取连续降息举措，力挽狂澜。

这位世界金融舞台上的魔术师也并非招招都得到好评，有经济学家把美国房地产市场泡沫的产生归咎于美联储长期将利率保持在低水平上，《福布斯》杂志总裁直截了当地说："美联储是制造经济危机的罪魁祸首。"

多少有些回应批评的意思，格林斯潘也在回忆录里回顾了任期内发生的一些经济事件和他曾作过的决定。他认为全世界利率的走低，是冷战结束、全球化、中国和印度经济增长以及市场开放、劳动力价格便宜所致，并不是美联储独自可以决定的。他倾向于比较宽松的住房抵押贷款条件，虽然他也知道有些次级贷款者是有信用污点或是低收入的，给他们贷款会增加金融风险，但是他认为那仍然"是一个正确的决定"，"即便可能因通过降低利率而催生我们最终必须承担的某种通胀泡沫,我们也愿意冒这个险"。

格林斯潘乐观地预言:美国的经济增长速度已经放缓,但是出现经济衰退的几率不到 50%。他呼吁美国民众,应该对经济保持"警觉",但不必过于紧张。

格林斯潘说:"如果我们创造了一个非常灵活的金融经济体系,我们就能接受它的动荡和极端,不过前提是不能有高失业率或经济风暴。当我们进入 21 世纪,动荡或许是维持世界经济保持高增长性的必要条件。"

第十章
从天堂到地狱

格林斯潘在最辉煌的时刻带着赞誉离开,然而他刚一转身,灾难便即降临。愤怒的人们指责格林斯潘是经济危机的罪魁祸首,年过 80 的他不得不在各式各样的听证会上接受质询。从上帝到受审者、从天堂到地狱,格林斯潘的人生可谓大起大落。

泡沫,谁之过?

尽管在位18年之久的格林斯潘获得了无上的荣耀和尊崇,但在他担任美联储主席期间,还是有有识之士对他的货币政策提出了质疑。

比格林斯潘担任美联储主席时间更长的小威廉·迈克切斯内·马丁认为,美联储的作用是"见风使舵",在经济萧条时放松银根,在出现泡沫之前紧缩银根。由于来自于白宫的压力几乎总是倾向于迫使联储放松政策,因此马丁本人更主张坚持紧缩,"美联储的职责就是扮演一个监护人,看到晚会有点失控时,就将酒碗撤走"。

2000年年底,当网络泡沫破裂的时候,格林斯潘领导的美联储在短短几个月里连续把联邦储备金利率从6.5%下调至3.5%。2001年"911"恐怖袭击事件发生后,联邦公开市场委员会又立即连续4次降息。到年底,利息一路下跌至1.75%,而且一直持续到2002年年底,再未见涨。由此产生的效果是,2002年前三个季度,经济增长速度恢复到2.4%,虽然仍显得有些后劲不足,但还算说得过去。

2002年11月,美联储将联邦基金利率继续削减半个百分点,使之降到了只有1.25%。到了2003年第一季度，美国经济开始强劲增长，这不仅是因为美联储利率降低拉动，同时也要归功于布什的减税政策以及驻伊美军费用的猛增。到了该季度末，联邦公开市场委员会再次宣布减息，将利率降至1954年以来的最低点——1%。与马丁治理经济的理念相反，格林斯潘领导下的联邦储备委员会选择了在晚宴上加酒加菜。

20世纪80年代末期，大型银行的资本金匮乏问题促使各大国银行监管当局对银行资本金采取了更严格的规定。如果每笔贷款都让更多的资本金承受风险，风险银行家在制定信贷决策时，自然会更加谨小慎微。但是，聪明绝顶的银行家们在住房抵押贷款银行通过以小博大的做法，凭着屈指可数的资本便又经营起一个兴旺昌盛的贷款业务。他们的秘诀就是将资产证券化，也就是以担保抵押债券凭证对贷款进行打包处理，然后再把这些资产包卖给养老金基金或是其他投资者。这样，银行就不需要在账面上保持大量的商业性抵押贷款、企业贷款、高收益并购贷款、新兴市场贷款或是其他类似贷款，而是以担保贷款凭证或担保债务凭证形式对这些资产打包，然后再出售给外部投资者。这样，在几乎不放弃任何资本金的基础上，他们仍能收取高昂的费用，换句话说，他们的贷款是没有成本的。

多年以来，银行间就一直存在一个活跃的衍生品市场，通过这个市场，银行可以保证货币头寸和利率头寸的平衡。20世纪90年代，金融家曾设计出一种新型衍生品，据称它可以帮助银行抵御贷款违约损失，尽管在细节上有所差异，但它们的基本思想却与1987年股市崩溃后形成的组合保险如出一辙。于是银行开始像投资者购买银行的证券化贷款一样，开始关注客户的信用保险。和1987年一样，信贷保险的出现让投资者在风险曲线上爬得越来越高。有了信贷保险，本来或许对信用等级最低的担保债务凭证和贷款抵押债券心存疑虑的投资者，在超额收益的诱惑下，也会迫不及待地把钱扔进去——既然数学家们已经消灭了风险，为什么不这样做呢？

在资金没有成本的时候，贷款自然也是无成本、无风险的，理性的贷款人会无休止地放贷，直到再也找不到借款人为止。格林斯潘对此的描述是"一个积极型信贷管理的新范例"。

金融界开始出现一个新名词："格林斯潘对策"。意思是不管出了什么错，美联储都会挺身而出，创造足够的廉价货币，帮助深陷危机中的你赎身。

更具争议性的是格林斯潘竟然顽固不化地把消费品价格膨胀作为唯一重点，而对资产，尤其是各类住宅和债券价格的肆意膨胀视而不见。2004年，《经济学人》杂志对此表达了忧虑："随着美国廉价货币的蔓延和膨胀，全球金融系统已经成为一个巨大的印钞机……全球性流动性的猛涨并没有带来通货膨胀，相反它们却流进全世界股票和房地产的价格，催生了一系列的资产价格泡沫。"

房地产市场是不是已经形成了泡沫？美联储主席格林斯潘在2004年2月底对房产过热的担心表态说，近期的房产繁荣是"相对无害"的。但是，摩根士丹利亚洲区董事长斯蒂芬·罗奇认为，美国的利率应该现在就调，而且是大调！在对美国经济形势的判断上，罗奇在2004年2月27日《致艾伦·格林斯潘的一封公开信》中，强烈敦促联储主席将联邦基金利率上调至3%。否则，美元短期实际利率（名义利率减去通货膨胀率）将趋向负值，美国经济将"重蹈20世纪90年代末不可预见的泡沫破灭"，陷入多种资产价格泡沫无止境上升的境地。

从1999年开始，美国家庭资产价格的上升及自2003年开始的股市上涨，替美国人挽回了2000年股市大跌后的巨大财富损失。根据美联储统计，包括房产、股票在内的美国家庭总资产已经回升到4.5万亿美元，而在1999年的最高点，这一指标也不过5.5万亿美元。从1999年到2002年，房地产市场在企业惨淡经营的背景下一枝独秀，即使在2003年股市复苏的竞争下仍毫不逊色，其根本性的推动力是近40年以来罕见的低利率。美国房地产市场景气的指标性利率——30年期房屋抵押贷款利率在整个2003年平均只略高于5%，同样为近30年来所罕见。资产的另一面便是负债：2003年，美国家庭负债增长超过了9000亿美元，这是1999年数值的两倍。2003年净国民储蓄率不足GDP的1%，美国的房价收入已经处于历史最高点，比过去30年的平均水平高出20%。

2005年春季，欧洲中央银行公布了一项政策研究成果：资产价格泡沫与货币政策。报告中说："随时破裂的资产价格泡沫与不加节制的信贷创造和流动性，两者之间的紧密关联对于中央银行而言是尤为重要的……实际上，某些历史事件表明，宽松的货币供给可能会诱发资产价格的大幅激增，但未必会马上反映在消费品价格的增长上……

"在资产价格上涨时，居民消费其资本性收益的动力大为增加，因此持续膨胀的巨大泡沫有可能会推动消费支出的猛涨……在这个问题上，实证研究表明，房产市场泡沫萎缩带来的损失，显然比同等规模的股市崩溃更具破坏性，因为在贷款的担保物中，住宅净资产显然更普遍，也更重要。"

著名经济学家克鲁格曼在2005年8月份的一篇专栏文章中指出，美国经济的前途坎坷，格林斯潘对此要负一定责任。他认为，格林斯潘2001年对布什政府不负责任的减税措施作出关键性的支持，促使国会通过了这项造成税收大减的做法，种下了恶果；而且，格林斯潘在楼市泡沫问题上反应迟钝，虽然格林斯潘已经开始对房地产按揭市场上浮动利率贷款风险表示关切，但是在去年还极力鼓吹这种贷款的好处。克鲁格曼认为，如果格林斯潘早两年说出他现在所说的这些话，大众可能就会少借一些钱。

诺贝尔经济学奖得主、世界银行前首席经济学家斯蒂格利茨在《全能的美联储及其在泡沫膨胀中扮演的角色》一文中尖锐指出，格林斯潘希望仅仅通过讲话"就能够把泡沫熨平，从而使整个国家避免泡沫破灭造成的影响"，但是"后来发生的一切清楚地表明，他高估了自己的影响力，仅靠演讲并不能取得成功"。斯蒂格利茨认为，美国经济最近十几年来一系列教训在于"过于信任领袖们的讲话"。他表示，美国大众过分信任和依赖财经官员的"信心"、过分信任金融市场所谓的智慧，而对经济现象背后的真正的经济学关注不够。

格林斯潘大胆且复杂的高度弹性的货币政策，让后继者难以模仿，但同时也提供了滋生投机的土壤。他认为股市泡沫可能是成功货币政策不可避免的副产品，金融市场的波动会因好的政策和长期增长而加大，重复"波峰—半波峰"的循环。在给新经济宽松的货币政策、使美国人经历了高投资和股市飙升的同时，非理性繁荣和投机泡沫也在滋长。批评者认为格林斯潘所带领的美联储在这点上失策，没有尽到预警投机狂潮的责任。随后纳斯达克狂跌70%，股市蒸发了6万亿美元，同时类似安然、世通这样的大型企业，也在投机的冲动中迷失了方向。

斯蒂格利茨认为，作为美联储主席的格林斯潘在这一轮泡沫中，扮演了鼓吹市场繁荣的"拉拉队员"。在《喧嚣的90年代》一书中，斯蒂格利茨说，历史证明，金融领袖也被证实不过是正常人而已，他们也会犯错误。

次贷危机爆发

所有泡沫终将破裂，膨胀得越大，破裂得越迅猛。到 2007 年年底，破裂的飞沫终于演变成汹涌的湍流——次贷危机爆发了。

2007 年突然爆发的次贷危机，全称是美国房地产市场次级按揭贷款危机，用通俗的话来说，就是金融机构通过不规范的手段，把钱借给没有还款能力的人去买房，由此而引发的危机。所谓次级按揭贷款，指的便是贷款买房的人没有（或缺乏足够的）收入和还款能力证明，他们的资信条件较"次"。相对于资信条件好的贷款者，次级按揭贷款人通常需要支付更高的利率，并遵守更严格的还款方式，这是信贷市场的一般原则。

在 2006 年之前的 5 年里，由于美国房屋市场持续繁荣，加上利率水平一直保持低位，这一原则被放贷机构抛诸脑后，次级抵押贷款市场以至于发展到了泛滥的地步。美国著名投资家吉姆·罗杰斯形容说："人们可以在不付任何定金或首付，甚至根本没钱的情况下买房，这在世界历史上是唯一的一次。"

2006 年后，美国信贷市场短期利率提高，次级抵押贷款的还款利率随之上升，购房者的还贷负担突然加重，还不起房贷、违约的情况开始大量出现。

在信贷环境宽松或者房价上涨的情况下，贷款人违约，放贷机构可以通过再融资，或者干脆把抵押的房子收回来再卖出去即可，不亏还赚；但在信贷环境改变，特别是房价下降的情况下，再融资或者把抵押的房子收回来再卖就难以实现，或者亏损。当较大规模、集中地发生这类事件时，危机就出现了。

次贷危机发端于美国，但随后席卷全球，最终演变为全球性的金融危机，对世界经济格局产生了深远影响。一些著名的经济学家认为，这是20世纪二三十年代大萧条以来最严重的金融危机。

次贷危机的过程大致分为三个阶段。

第一阶段：危机爆发。2007年2月，汇丰银行宣布北美住房贷款按揭业务遭受巨额损失，减记108亿美元相关资产，次贷危机由此拉开序幕。2007年4月，美国第二大次级抵押贷款公司新世纪金融公司因无力偿还债务而申请破产保护，裁减员工比例超过50%。随后30余家美国次级抵押贷款公司陆续停业。

受次贷风暴影响，当年8月，美国第五大投行贝尔斯登宣布旗下两只对冲基金倒闭，随后贝尔斯登、花旗、美林证券、摩根大通、瑞银等相继爆出巨额亏损。2008年3月中旬，贝尔斯登因流动性不足和资产损失被摩根大通收购。投资者的恐慌情绪开始蔓延。

第二阶段：全面扩散。次贷危机愈演愈烈，华尔街整体陷入流动性危机。2008年7月中旬，美国房地产抵押贷款巨头"两房"遭受700亿美元巨额亏损，最终被美国政府接管。美国最大的汽车厂商通用公司的股价跌至50余年来的最低水平，几近破产边缘。

2008年9月中旬，美国第四大投资银行雷曼兄弟陷入严重财务危机并申请破产保护，美林证券被美国银行收购，华尔街的5大投行倒闭了3家。雷曼兄弟的破产彻底击垮了全球投资者的信心，包括中国在内的全球股市暴跌，欧洲的情况尤为严重，诸多知名金融机构频频告急，欧元兑美元汇率大幅下挫。

2008年9月下旬，总部位于西雅图的华盛顿互惠银行被美国联邦存款保险公司接管，成为美国有史以来倒闭的规模最大的银行。

第三阶段：波及全球。次贷危机后，不仅金融市场遭受全面打击，流动性出现严重不足，美国的经济也受到严重冲击。2008年第四季度，美国GDP下降6.1%，失业率节节攀升，于2009年创下50多年来的最高纪录。

美国政府在2009年出台了全面的经济刺激计划，美联储经过多次降息后，将利率降至接近于零的水平，并一直维持不变。除此之外，美联储还先后出台了4轮量化宽松政策，通过购买大量的资产支持证券、出售国债，为市场注入流动性。之后，一连串危机拯救措施开始显现出效果，美国经济逐渐复苏，主要股指慢慢恢复到危机前水平。

然而危机却在全球持续蔓延，甚至扩散到国家层面。2009年12月8日，全球三大评级公司下调希腊主权评级。2010年起，其他欧洲国家也开始陷入危机，西班牙、爱尔兰、葡萄牙和意大利等国同时遭遇信用危机，整个欧盟都受到了债务危机的困扰，受影响国家的GDP占欧元区GDP的37%左右。由于欧元汇率大幅下跌，欧洲股市暴跌，整个欧元区面临成立10多年来最严峻的考验……

2007年美国次贷危机及2008年全球金融危机产生的原因，主要有以下三方面。

首先是因为美国金融监管部门，特别是美联储的货币政策由松变紧。2001年初，美国联邦基金利率下调50个基点，自此美联储的货币政策由加息转变为减息，经过连续13次的降低利率，到2003年6月，联邦基金利率被降到低至1%，达到1956年以来的最低水平。宽松的货币政策在房地产市场上的反映就是房贷利率大大降低，30年固定按揭贷款利率降到5.8%，一年可调息按揭贷款利率更低至3.8%。

持续的利率下降，造成了美国房产的持续繁荣和次级房贷市场泡沫的泛起，产生了很多蕴涵高风险的金融创新产品，浮动利率贷款和只支付利息贷款大行其道。与固定利率相比，这些创新形式的金融贷款只要求购房者每月担负较低的、灵活的还款额度，从表面上减轻了购房者的压力，从而支撑了连续多年的繁荣局面。

从2004年6月起，美联储的低利率政策开始发生改变。到2005年6月，经过连续13次调高利率，联邦基金利率从1%提高到4.25%。到2006年8月，联邦基金利率上升到5.25%，标志着这轮扩张性政策完全逆转。连续升息提高了房屋借贷的成本，开始发挥抑制需求和降温市场的作用，这导致了房价下跌，以及按揭违约风险的大量增加。

其次，它与美国投资市场，以及全球经济和投资环境在过去一段时间内持续积极乐观的情绪有关。进入21世纪以来，世界经济金融的全球化趋势加大，全球范围利率长期下降、美元贬值、资产价格上升，使流动性在全世界范围内扩张，激发了追求高回报、忽视风险的金融品种和投资行为的流行。作为购买原始贷款人的按揭贷款，并转手卖给投资者的贷款打包证券化投资品种，次级房贷衍生产品客观上有着投资回报的空间。在低利率的环境下，它能使投资者获得较高的回报率，因而吸引了越来越多的投资者。

美国金融市场的影响力和投资市场的开放性，吸引了来自美国及欧亚其他地区的投资者，从而使需求更加兴旺。面对巨大的投资需求，许多房贷机构降低了贷款条件，以提供更多的次级房贷产品，这在客观上埋下了危机的隐患。事实上，不仅是美国，包括欧亚，乃至中国在内的全球主要商业银行和投资银行，均参与了美国次级房贷衍生产品的投资，金额巨大，从而导致危机发生后影响波及全球金融系统。

第三，与部分美国银行和金融机构违规操作，忽略规范风险的按揭贷款、证券打包行为有关。在美国次级房贷的这一轮繁荣中，部分银行和金融机构为一己之利，利用房贷证券化可将风险转移到投资者身上的漏洞，有意无意地降低贷款信用门槛，导致银行、金融和投资市场的系统风险增大，美国住房贷款出现首付率逐年下降的趋势，房贷首付额度一度降到了零，甚至出现了负首付。

有的金融机构还故意将高风险的按揭贷款"静悄悄"地打包到证券化产品中去，向投资者推销这些有问题的按揭贷款证券。突出的表现是在发行按揭证券化产品时，不向投资者披露房主难以支付高额可调息按揭贷款，而且购房者按揭贷款是零首付的情况。评级市场的不透明和评级机构的利益冲突，又使得这些严重的高风险资产得以顺利进入投资市场。

名声扫地

大危机总会把一些大人物拉下神坛。这一次,被拉下神坛的是格林斯潘。很多人认为,格林斯潘执行的货币政策是造成危机的重要甚至是主要原因。

在格林斯潘担任美联储主席期间,美国经济一直保持着高速的增长和相对较低的通货膨胀率,在克林顿时代,甚至创造出"零通货膨胀"的奇迹,格林斯潘因而被誉为"最伟大的央行行长"。然而,一场席卷全球的金融风暴到来之后,格林斯潘从神坛上跌落下来。

2000年,美国的互联网泡沫破灭,由此导致了2001年的经济衰退,当年又发生了"911事件",为了提振陷入低迷的美国经济,美联储连续降低利率13次,使美国的短期利率从6%猛降至1%,成为美国"二战"后的最低利率水平,并且将此低利率维持了约两年。

在低利率的状况下,金融机构的经营难以维持,不得不"金融创新",用高风险来博取高回报,次级贷款于是大行其道。根据美联储的统计,2000年底,美国的消费信贷即债务总额仅为不到1.7万亿美元;至2003年底，这一债务总额突破 2 万亿美元，3 年内猛增了 3 千多亿美元，这还不包括连年火热的房地产市场带来的总额高达 5 万亿~6 万亿美元的抵押贷款债务。有关统计显示，1999 年美国每个家庭平均负债额仅为 5.4 万美元；到 2003 年底，这一数字已经激增至 8 万美元。

格林斯潘的"低利率游戏"，同时在两个经济领域产生了巨大的推动力：一是美国的房地产业，二是美国金融衍生品市场。借贷成本的大幅降低，使很多人由原先的买不起房变成买得起房，买者增多，推动了房价的稳步上涨，同时在低利率环境下，"房地产信贷"也逐渐升温。

由于房地产热，美国房贷市场开始推出各种各样的新模式，如让购房者可以几乎不付首期即可买房，或者在一定年限内只付利息不付本金。各种新模式的目的都是为了降低门槛，让更多的人来银行借钱买房，包括那些本来买不起房的人。最终这一切都汇聚到"次级贷款"上。

如果格林斯潘的"游戏"仅仅到此为止，那么日后最多也只是美国的次贷危机，影响不了全世界。可是由于美元是国际储备货币，如果全世界的美元都直接参与到"次级抵押贷款"投资中，美国的房价一定会被推向高不可及的"云端"，为了使这些美元不直接冲击美国市场，华尔街及时推出了金融衍生创新产品：资产证券化。将缺乏流动性的资产，转换为在金融市场上可以自由买卖的证券。放贷银行把这些按揭贷款打包成债券，或者把这些按揭卖给美国最大的两家房屋抵押贷款公司（房地美和房利美），任由他们打包成债券，卖给投资银行和商业银行，再次打包，把这些债券又包装成更复杂、风险更高的衍生产品，互相推销，而且向全世界的金融机构推销。

经过一系列包装掩饰，原先的"垃圾产品"——次级抵押贷款变成了谁也说不清道不明的金融创新衍生品，成了全球投资者竞相追逐的"热门货"。美国的"低利率政策"吹起了一个巨大的资本泡沫，最终金融危机全面爆发，全世界被深深地套入其中。

批评者认为，正是格林斯潘放宽了次级抵押贷款条件，以及对金融衍生工具的放任自流，最终引爆了次贷危机及全球金融危机。早在1997年，美国商品期货交易委员会主席博恩女士即认为，金融衍生品可能损害市场乃至美国经济，要求交易商披露更多交易细节和风险准备金情况。然而，格林斯潘却告诫博恩，这一做法会"引起一场金融危机"。结果是，博恩被免职。1998年11月，在格林斯潘及出身于高盛的财政部长鲁宾等人的推动下，美国国会废除了商品期货交易委员会对金融衍生品的监管权。从此，场外金融衍生品市场成为监管空白，其风险控制完全依靠金融机构自律，这为全球金融危机的爆发埋下伏笔。

格林斯潘在其自传中对此加以辩解道："市场已经变得太大、太复杂，变化快得令20世纪的监管无法应付。"他说，"时至今日，监管这些交易基本上是靠市场参与者之间的互相预警。每个贷出者为了保护其股东，会时刻留意其客户的投资仓位。监管者仍然会做出监管的样子，但其能力已大不如从前。"

格林斯潘认为，行政性的监管越来越有限。"市场已经复杂得让人无法有效干预，最有希望防止危机的政策是那些保持市场最大灵活性的政策——对冲基金、私人股权投资、投资银行这些最重要的市场参与者，能自由地发出市场行为。"

"对冲基金及其他市场参与者的目的是赚钱，但是他们的行为会消除市场的无效和不均衡，因此会减少稀缺储蓄的浪费。这些机构会为劳动生产率和总体生活水平的提高作出贡献。"

他的批评者们对这一说法毫不认同。2001年度诺贝尔经济学奖得主约瑟夫·斯蒂格利茨说："美国当前的次级抵押贷款市场危机与前美联储主席格林斯潘在任时实行的政策有关……格林斯潘鼓励非固定利率贷款，认为美国人在过去10年间如果选择了非固定利率贷款，就能节省很多钱。他似乎认为美国经济只要有他掌舵就能一直欣欣向荣，可是经济增长总有难以维持的一天，这其实只是时间问题。"

弗莱肯施泰——格林斯潘19年的老对手说："格林斯潘的错误有三，一是一直把利率降得太低，制造大量的流动性；二是让大家认为只要生产率高，股票市场就会涨，在房地产泡沫时代，一直告诉投资者和政府，房地产是没有泡沫的，等于是在鼓励大家积极地投资这个市场；三是监管方面没有做好，最大的错误是没有监管好华尔街的投资银行。"

摩根士丹利亚洲主席斯蒂芬·罗奇说："（次贷危机爆发的原因）首当其冲就是美国联邦储备系统。20世纪90年代的网络泡沫也好，不久前出现的信贷泡沫也好，格林斯潘以及当局都有一种理念，就是有泡沫就有吧，破裂之后清理就行了，不应该去给资产市场太多压力。这就意味着后来问题像滚雪球似的越积越大，甚至超出了美国联邦储备局的预料。"

中国经济学家向松祚认为格林斯潘有两大错误："一个是2002—2003年货币政策过度宽松，一个是长期忽视或完全不监管金融创新、不监管对冲基金、不监管信用违约掉期（CDS），结果惹了大祸。"

美国布鲁金斯学会高级研究员胡永泰在接受《南方周末》采访时说："美国的中央银行——美联储在制定货币政策时，不再看经济的全面情况，而主要看CPI（消费价格指数），CPI中不包括金融产品和房产的价格。CPI涨的时候，他们加息；CPI跌的时候，他们就降息。

"这是一个非常深刻的变化，是80年代以来经济学思潮变迁的直接后果。当时，自由放任的观点开始成为主流，人们相信，金融市场是所有市场中最好、最有效率的市场，它吸引足够多的参与者，通过充分竞争实现资源配置，进行自我校正和自我管理。有一年，诺贝尔经济学奖授予了三位研究金融市场的经济学家，他们基本认为，金融市场上的价格上升不是泡沫，而是效率的体现。

"既然金融市场可以自我管理，资本管制要最小化，那么美联储就不必管金融产品的价格，盯住 CPI 就可以了。艾伦·格林斯潘就是这么做的。90 年代，当美国的物价水平由于效率的提高而降低时，他连续降息。大量的钱流入市场，这些新涌入的钱不是被用来消费，而主要用来购买金融产品或房产，这就使泡沫开始出现。

"2000 年互联网破灭时，虽然格林斯潘使用了'非理性繁荣'的定义，但为了避免危机扩散到传统领域，他却继续增加货币供应。"

2008 年度诺贝尔经济学奖获得者保罗·克鲁格曼表示："我认为，格林斯潘创下了一个历任央行行长绝无仅有的纪录：在他的任期内，美国市场上发生了两场大规模的资产泡沫，先是股市泡沫，后是房市泡沫。"

曾被奉若神明的"格老"如今人人诟病，成了"金融危机十大罪魁祸首"之一，《国际先驱导报》在一篇文章中把格林斯潘列为第六大"祸首"。这位曾经"拯救了世界的人"、曾经"最伟大的中央银行家"，如今千夫所指。

为自己辩护

年过八旬的格林斯潘名声岌岌可危。3 年前他还被尊为"史上最伟大的央行行长",现在却因 2006 年退休之前对美国经济实施的调控而饱受攻击,他对此感到难以置信。他说:"对我的一些指责是不公平的,我执掌全球最具影响力的经济机构长达 18 年,其间大多数时候,都因自己治下的经济业绩而受到推崇。现在,我却发现自己遭到了质疑。"

格林斯潘想在这次金融危机尚未盖棺定论之前澄清事实。在他看来,许多评论家都忽略了对他有利的证据,也没能对他作决定的过程进行评价。为了证明自己的观点,他引用了过去的发言以及新闻剪报中的说法,甚至还拿出了一位已身故的同事的信,这封信消除了公众对两人在政策上有分歧的疑团。

他在自己的自传中加入了一个新的章节,内容是他所总结的一些教训。为了调查清楚有多少家庭背负着次债,格林斯潘花了几个月时间设计自己的数据系统。

他招质疑最多的决定就是 2003 年将利率调降至 1%,但却直到 2004 年才开始缓慢上调。关于这点，格林斯潘和批评者的观点截然不同。批评者们始终强调政策出台之后的情形：过热的住房市场、银行业债务激增，其中大多数现在都在痛苦地消化这些恶果。《华尔街日报》对55名经济学家进行的调查中，有84%的人认为美联储加息太慢。决策机构——美国联邦公开市场委员会的两名成员威廉·普尔和罗伯特·帕里也表示，事后看来，低利率持续的时间确实是太长了。

然而，格林斯潘关注的重点却是政策背后的想法。他说："我想不出美联储的决策过程有哪一次是错的。"

格林斯潘说，低利率事实上违背了他厌恶借钱容易的"老思想"。他说："我内心深处不喜欢这样。"他说自己曾向同事们说明，一旦有了把握，就应当尽快结束低息政策。

他还指出，在2003年前后，经济观察家们最担心的是持续下降的通货膨胀率。当时，通货紧缩的风险虽然不大，却似乎十分真切，虽然他之前已经断定那是不可能的。正是为了防止通货紧缩，美联储才将利率保持在低水平以刺激经济增长。格林斯潘强调说，当时，美联储政策委员会里仅有的反对意见来自想要进一步调低利率的人。他说，美联储最初逐步提高利率，是为了让企业和投资者有时间做好准备。2004年到2005年，美联储上调利率的速度超出民间经济学家的预期。

在监管方面的表现欠佳，是人们诟病格林斯潘的另一个方面。批评者指责说，正是格林斯潘甩手掌柜式的监管方式导致了贷款标准松弛，进而使许多人得以成功申请到他们根本无力承担的抵押贷款。对此，格林斯潘说，在监管问题上，他将具体事务交给了美联储的下属或分管消费者事务的理事。批评者认为尽管由高级职员去处理这类事务无可厚非，但恰恰可以说明格林斯潘不看重监管。他们指出，由于没有主席的敦促，美联储在加强消费者保护方面经常行动迟缓。

对此，格林斯潘表示了极大的愤慨，认为这种说法的言外之意就是他胁迫其他人与自己保持一致立场。格林斯潘说："可笑的是，我发现自己被重新描绘成靠强权和诱导来让所有那些受过高等教育、有高度智慧的人服从我。"他说，"这种说法太愚蠢了，这是一种篡改历史的可恶行为。"

但是，至少有一次格林斯潘否决了同僚提出的加强次贷监管的主张。2000年，当时分管消费者事务的理事爱德华·格拉姆里奇向格林斯潘提出，应安排人员检查各家银行按揭业务部门有无滥发次级贷款的情况，这些部门的日常监管比较宽松。格拉姆里奇接受《华尔街日报》的采访时说："那时候我认为，总的来说次级贷款是一种好东西。我当时还想象不到这东西后来如何演变成一场大危机，但我希望美联储在打击掠夺性放贷方面能充当领军的角色。"

对此，格林斯潘是这样解释的，他说："当时我不赞成这么做，美联储不是一定要对这类贷款机构实施监管。美联储的监管会让人误以为这些暗地里的业务得到了美联储的认可，反而让消费者对他们盲目信任。"

当人们引用格拉姆里奇的访谈来说明格林斯潘忽视次贷问题时，格林斯潘从桌上拿过一张纸，上面是格拉姆里奇写给他的一封信，信中写道："你是位了不起的中央银行行长、一位伟大的领导者。我真诚地希望媒体别再在次级债监管问题上指责你了。过去发生的只是件很小的偶然事件。"

格林斯潘始终坚定地相信，监管是不必要的，不管遇到多么坏的情况，哪怕是次贷危机，抑或市场的参与者都是贪婪的，市场机制都会发挥作用，最终一切都将自动恢复均衡。

格林斯潘说："我不后悔自己的任何决定。"

反思与悔悟

格林斯潘掌管美联储18载，在其任内，美国经济度过了历史上最长的一个增长期。因此，他不仅掌权时在金融市场上呼风唤雨，在经济界享有一言九鼎的地位，即使2006年卸任之后，一言一行也备受国际金融界关注。格林斯潘是自由市场经济的坚定支持者，他坚信市场无形的手的力量，反对政府干预市场运作；他对金融衍生产品有着特殊的偏爱，坚决反对任何监管衍生品的意图；他力挺金融业中对计算机技术的广泛应用，认为这可以有效控制金融市场的风险。

然而，眼下这场金融危机使格林斯潘头顶的光环刹那间失色，陷入了四面楚歌的境地。众多批评者认为，他领导下的美联储采取了自由放任、疏于监管的态度，21世纪初又大幅降息，催生了房地产泡沫，因此纷纷将危机的责任归罪于他。

2008年10月23日，美国国会众议院监督和政府改革委员会召集美国联邦储备委员会前主席格林斯潘等几位财经界风云人物前来作证，以弄清管理的缺陷在多大程度上推动了这场金融危机。

面对国会议员们连珠炮般的提问，美联储前主席艾伦·格林斯潘不得不承认，他过去错误地相信自由市场可以调节金融体系而无需政府加强监督。

格林斯潘表示，自由市场理论"有缺陷"，"我不知道漏洞有多大多深，但我对这个事实感到非常沮丧。"

"我犯了一个重大错误，我以为那些自负盈亏的组织，如银行和其他企业，他们能够很好地保护自己的股东以及他们的公司净资产，但事实并非如此。

"我使用自由市场理论超过 40 年，经验告诉我它运行得非常好。现在我在这个理论里发现一个缺陷，我不知道这有多重要，影响有多深远。我为发现这个事实感到难过，这是一场百年不遇的金融海啸。"

尽管他还在总体上为衍生产品辩护，但承认自己有"局部的"错误，那就是没有对信贷违约进行监督。

"我误以为，由于涉及其自身利益，组织机构，尤其是银行等部门最有能力保护自己的股东以及他们持有的股票。"格林斯潘说。

民主党议员韦克斯曼追问道："换句话说，你发现自己的世界观和思想观念不正确、不管用。"

"的确如此，"格林斯潘回答，"这正是我感到震惊的原因所在，因为我 40 多年来一直认为有确凿证据证明它的效果非常好。"

格林斯潘称，银行自我调节能力的全面崩溃令他"万分震惊，感到难以置信"。

在他给国会的证词陈述稿中，格林斯潘承认，尽管 2005 年时他曾担心投资者低估了风险，但此次危机涉及的层面之广已经超出了他的想象，当前波及全球的金融危机与自己当年的货币政策失误有"部分"关联。格林斯潘表示，自己之所以没能预见到房价大幅下挫，是因为美国从没经历过类似情况："目前的危机显示，它比我能想象的广泛得多。"

不过，格林斯潘并不认为自己的低利率政策是罪魁祸首，他指出证券化体系是信贷市场崩溃的核心，它刺激了贷款商把钱借给那些信用记录不良的借款人。

格林斯潘说，若没有证券化的过度需求，次级抵押贷款机构——它不可否认是危机的最初源头——的放贷规模要小得多，相应的贷款违约情况也要少得多。

在2010年4月国会金融危机调查委员会举行的听证会上，84岁高龄的格林斯潘再次遭到了无情的盘问。委员会主席安热利代斯指责说，危机之所以爆发，格林斯潘和美联储未能有效监管问题信贷是一个重要原因，他们应该为此承担历史责任。

"你本来能够（阻止），你本来应该（阻止），但你却没有这样。"担任过加利福尼亚州财政厅长的安热利代斯言辞凌厉，"我只是想确信，我们在这儿不该忽视历史。"

格林斯潘辩解说，危机的肇源很多，其中，一是中国等新兴经济体的崛起，使市场现金充裕，导致房价出现暴增；二是评级机构低估了房贷投资的风险，而房利美和房地美两大房贷巨头又加剧了市场的投机行为。

关于美联储的过低利率，格林斯潘辩护说，监管者无法完全避免未来危机的发生，"房地产市场泡沫，几代人所见的最显著的全球泡沫是由低利率引发的，但是……那是由长期抵押贷款利率刺激的价格，而不是由于中央银行的隔夜拆借利率。"

格林斯潘说，市场监管者不是超人，他们不可能预料到大部分危机，甚至在掌握大量证据的情况下也会漏掉部分重大诈骗，麦道夫案就是证据。而且，格林斯潘还认为，市场监管者也不能完全阻止危机发生。

格林斯潘这一番话有逃避责任的嫌疑，其在充裕资金问题上对中国的指责，就像借贷者责怪放贷人纵容他挥霍一样无理。穆迪经济学家网首席经济学家马克·赞迪批驳说，在控制次贷等问题贷款方面，美联储拥有足够的权力，但格林斯潘却采取了放任自流的态度。

至于低利率政策，此举确实结束了互联网泡沫破裂带来的美国经济衰退，但作为硬币的另一面，该政策也造成了更大的美国房市泡沫的诞生，"有足够的证据显示，美联储利率保持得太低太久了。"

在听证会上，格林斯潘说，在美联储的18年中，自己犯下了一系列"糟糕的错误"，但总体上，"只有30%是错误的"。格林斯潘希望历史能对自己"三七开"，但面对一场将美国拖入"大萧条"以来最严重的经济危机，美国人会给予格林斯潘70%正确的评价吗？

在听证会上，曾担任美国期货交易委员会主席的博恩女士毫不留情地用了一连串的"失败"来质疑他的业绩："美联储在阻止金融危机上遭遇了彻底失败，美联储和银行监管者在预防房市泡沫上遭遇失败，他们在防止掠夺性的借贷丑闻上遭遇了失败，他们在防止我们大银行陷入没有纳税人的大规模救助就会崩溃的业务上遭遇了失败。"伯恩女士最后质问，"难道美联储在完成使命上没有遭遇失败，在履行职责时也没有遭遇失败？"

格林斯潘承认，自己可能太大意了。在2010年致布鲁金斯学会的一篇长篇报告中，他痛定思痛地说："我们都受了蒙蔽，却沾沾自喜。"他对此没有作进一步的解释。

阴谋论

关于此次由次贷危机引发的全球金融大海啸,也有人从更深的层次加以分析。

著名财经评论家时寒冰在《中国怎么办:当次贷危机改变世界》一书中认为,次贷危机是一个大陷阱。他在书中追问:"美国为什么要鼓励穷人去买房?为什么诱导民众购房的信贷政策,在推行房贷的过程中,犹入无人之境?甚至那些提出加强监管的人反而遭到奚落与羞辱?美国领导人在次贷危机之初,为何一再粉饰和掩盖危险?美国总统小布什、财长保尔森、前美联储主席格林斯潘,在这场危机中都扮演了什么样的角色?……"

时寒冰认为,如果是一场自然灾难,所造成的结果可能是全输;但如果一场灾难是人为制造的,那么多半会有一个潜在的大赢家。

时寒冰说,次贷危机的受害者们被作为一个道具推上前台,一场不见硝烟的金融战由此展开,而次贷危机不过是这场战争的一个有机组成部分。次贷危机导致了全球财富的转移和重新分配,财富并没有消失,而是被隐藏着的制造这场危机的罪魁祸首掳走了。

时寒冰认为，次贷危机最直接的起因，是让全世界为美国的住房问题埋单。"当以次级债构筑起来的各种产品被卖到世界各地时，美国筹到了数目惊人的房屋建设资金，而华尔街的金融投机家和相关从业人员也赚了满钵。

"追溯次贷危机的根源，我们会发现，小布什与华尔街，因为不同的目的走到了一起——前者为了解决住房问题，后者为了通过金融衍生品贪婪地牟取暴利，他们共同为危机的爆发埋下了隐患。

"美国住房和城市发展部的宗旨之一就是努力让每一个家庭买得起自己的住房，并且减低在购房能力方面的贫富差别。美国人口调查局的研究显示，家庭住房拥有率的提高对促进家庭和社会进步非常重要。拥有稳定住房的家庭更和谐稳定，对社区在经济和社会方面的贡献更大。他们更加愿意做志愿者和从事慈善活动，犯罪率也相对较低。因此，美国从政府到商业机构都把提高居民的私有住房拥有率当作重要的目标。

"小布什多次强调建设一个'所有者社会'，就是鼓励私人拥有住房和证券。

"所有者社会是小布什心中的一个梦想，事实上，小布什总统上任伊始推出的住房计划就已经体现出这种思路。

"在美国的住房历史上，一直存在着一个难以破解的难题，那就是政府负担与公共住房需求之间的矛盾。这一矛盾只有到了小布什时代，才真正得到了'完美'的解决，其后果是今天全世界都在饱受次贷危机的折磨。

"在历任美国总统当中，小布什是解决公共住房问题最彻底的一位，在他任期内，美国私有住房拥有率一度达到70%，超过迄今为止的任一位总统，成就不可谓不辉煌。当然，小布什的这项辉煌成就得益于他巧妙地转嫁了成本，通过金融衍生品之手，让全世界为美国的住房梦埋单。"

时寒冰追问道："次级债券及其他衍生品，在小布什任期内的放任自流之下，得到了最快速的发展，最终演化成这场令人恐惧的次贷危机。是华尔街的金融投机家利用了小布什，还是小布什利用了华尔街的金融投机家？亦或二者兼而有之，各取所需？"

时寒冰在书中继续分析说，低收入者的住房问题，本来应该纳入社会保障体系，由公共财政来解决。解决住房问题，需要非常庞大的资金，与其他国家一样，美国面临着资金紧张的难题。这一困难在小布什上台后变得更加窘迫。小布什在其任期内，为了满足军火商等利益集团的要求，当然也是出于反恐、占据中亚战略制高地以及国家安全的需求，先后发动了阿富汗战争和伊拉克战争，由于耗资巨大，美国财政赤字直线上升，根本无力承担公共住房建设这一责任。小布什政府必须促进房地产的快速发展，以此增加就业机会，加快美国经济复苏的步伐。

"事实也正是如此。住宅的繁荣给政府带来就业和税收的稳定增长。以2001年为例，新建住宅市场在全美范围内带来大约350万个就业岗位和1660亿美元的收入，同时，每修100套单家庭住宅就可以支撑250个人的全日就业。除此之外，住宅修建好后还会继续为当地政府提供财政和税收的支持，大约每年每100套家庭住宅就可以达到50万美元。

"问题是，加快住房建设的资金从哪里来？离开了资金，一切都只能是纸上谈兵。房地产是资金密集型行业，没有足够的建房资金根本无法实施提高家庭住房拥有率的计划。

"能否找到一种方式，既能解决住房问题，又能通过房地产业的繁荣带动经济发展，并且不需要政府承担太多公共责任？这种看来异想天开的事情，在小布什任期内，变成了现实：鼓励穷人按揭买房，同时鼓励资产证券化，在按揭贷款的基础上，创造出庞大的金融衍生品，出售给全世界的投资者。简而言之，就是穷人及无信用记录或信用度较低的人，从银行取得贷款，而银行则把发放出去的住房抵押贷款以债券或其他有价证券的形式发售。"

"资产证券化在小布什任期内发展到了极致。""美国正是借助资产证券化的羽翼，推动了房地产业的快速发展。"时寒冰指出。

"为了让世界购买美国基于次级贷款创设出来的各种证券，美国政府高官甚至直接担起了推销重任。例如，美国政府曾派遣住宅和城市发展部部长杰克逊访问北京，为全美抵押协会的证券招揽中国外汇储备这一大客户，同时与中国的商业银行接触，商谈购买政府支持下的房贷证券事宜。即使在次贷危机爆发以后，在房利美和房地美两大政府资助的房贷机构深陷困境的情况下，小布什政府依然呼吁中国央行购买更多的美国政府担保的房贷债券。"

为了能够创造条件让民众买房，美国的金融政策给予了极大的支持，时寒冰认为，联邦政府通过利率和税收影响房屋的供需，低利率是鼓励穷人买房的一个重要因素。格林斯潘把联邦基金利率压低至1%，并保持了相当长一段时间，宽松的货币政策降低了贷款成本，催生了过多的房贷，加之金融监管放松，从而为次贷危机埋下了隐患。格林斯潘在这场全球财富转移和重新分配的金融战中，究竟起到了何种作用，令人玩味。

影响力尚存

时间一晃就是5年。在这5年里,几乎所有以2008年美国金融危机为主题的图书、论文、评论文章,都会提到并批评格林斯潘。2013年,格林斯潘出版了一本新书:《动荡的世界》。格林斯潘在书中不仅较为完整清晰地回答了批评者的有关质疑,而且阐述了对美国政府、美联储2008年以来的经济政策及对这期间美国和世界经济的看法,并在他原有的金融预测模型理论中加入了行为经济学的诸多观点。该书中译本由中信出版社推出,与2007年格林斯潘所出版的回忆录《动荡时代》相呼应。

在《动荡时代》中,格林斯潘除了谈个人成长,更是大谈新世界的可能,他认为"911事件"之后的世界更加不可测,也更值得探索,甚至预测了2030年的经济情况,基调可谓乐观。在这本新书中,格林斯潘的态度恳切凝重了很多,谈论要点也集中于对于经济系统的看法。对于他个人的理念而言,显然金融危机的冲击要大过"911事件"。

尽管饱受指责和质疑,但格林斯潘凭他18年来在美联储的王者地位,至今依然在金融领域具有一定的影响力，人们仍然在一些关键时刻愿意倾听他发出的声音。

2014年4月17日，格林斯潘接受新浪网专访，在谈到影子银行问题时他说，如果大家期望一个健康增长的经济体，便需要让那些低效率的公司破产清理出市场，这叫创造性破坏理论；提及人民币汇率走势，格林斯潘指出，长期来看，人民币兑美元会持续升值，只是速度并不如过往。

同年4月28日，格林斯潘在纽约经济俱乐部发言时说，中国经济在过去几十年经历了高速发展，很多企业的发展依靠的是模仿海外先进技术，自主创新相对较少。他指出，目前在中国经济增速放缓、劳动力成本上升的情况下，创新对于希望超越竞争对手、实现升级换代的中国企业变得更为重要。

同年9月11日，格林斯潘在一次商业会议上发布致辞时表示，中国立下了提升人民币全球需求的目标，人民币最终会逐步接近或真正代替美元成为全球储备货币。但要实现这个远期目标还面临诸多障碍，第一是资本项目下的汇率管制；第二，除完全可兑换外，人民币向美元看齐成为危机时刻安全储备货币的最大障碍是美国强大的金融体系。此外，格林斯潘指出，中国作为目前为止美元外汇储备的最大持有者，必须担心美国通货膨胀会使其外汇贬值，未来更多元化的外汇储备对中国来说将越来越重要。

当年10月底，格林斯潘表示，美联储购买债券的QE（量化宽松政策）未能达到既减少失业又刺激经济增长的目标，撤销超级宽松的货币政策必然产生痛苦；美国通胀必将上升，黄金价格未来会大涨，是储存资金的好工具。格林斯潘称，购买美国国债和MBS（抵押支持债券或者抵押贷款证券化）的QE的确有助于推升资产价格，降低借款成本，可它对实体经济并未起多少作用。他说："我认为，不可能以一种不带来任何麻烦的方式结束货币宽松政策。"

2015年2月8日,格林斯潘在接受英国广播公司采访时表示,他不认为欧元区的其他国家愿意继续向希腊提供援助,要解决当前的局面,希腊退出欧元区是唯一的办法;希腊最终会退出欧元区,这只是时间的问题,人们最终会发现希腊退欧是最正确的选择。此外,格林斯潘警告,以目前的情况,欧元将无法得到维系。欧元得以继续维系的前提是欧元区的各国变成一个实际的政治共同体,而不仅仅是在财政上实现统一。如果强行保持欧元区现在的局面,那将是对欧元区内每一个国家的一种负担。

年近90的金融界老将格林斯潘,他的这些判断和预言到底是能够重振往日威名的真知灼见呢,还是如他的对手和反对者们所说,是些彻头彻尾的无稽之谈?让我们拭目以待时间的检验吧。

附　录
格林斯潘语录

论美联储

从实践方面看，美国的中央银行运作得很好。但是，从理论方面来看，它的结构似乎有其不合理的地方——它是一个地方权力和中央权力、公众利益和私人利益的集合体。如果我们现在从零开始为美国建立一个新的中央银行，它会和当前法律所描述的联邦储备体系一样吗？答案可能是不一样。

货币政策只是一个工具，我们不能指望靠它达到多重目标。单独的货币政策没有能力处理今天巨大的经常项目赤字，这是美国经济中储蓄、支出和产出潜在不均衡的症状。在提高国内储蓄和为生产性投资增加额外的资源方面，逐步减少联邦赤字是更为合适的手段。我们的经济长期健康发展需要货币政策和财政政策的平衡使用。

对系统风险的管理完全是中央银行的职责，不应该要求单个银行持有能够应对整个金融系统崩溃的资产。中央银行的存在事实上就是要给银行提供一种灾难保险，以应对金融系统崩溃事件的发生。

论经济政策

人们勉强接受我们的机构的独立性，他们意识到，除非我们可以自由制定货币政策，否则我们的独立性会受到损害。人们普遍地认识到，并且赞同这种观点：如果美联储的货币政策受制于国会或者总统，那么短期政治力量就会占优势。降低利率的政治选择会放松对通货膨胀约束，给我们的经济带来严重损害。

提高透明度可以让所有人看到，如果有政治参与其中，货币政策的稳定性就会面临风险——这样可以克服部分政治偏见。在这种情形下，行动的失败可以被视为是一种政治成本。

社会发展严重依赖于政府津贴，虽然在短期这可能是有好处的，但是一旦没有了这些津贴，就会造成项目无法实施或替换……持续的社会发展不应该依赖于不可靠的政府长期资金投入。工业面对的挑战是寻找其他的能够保持安全、健康的经济发展的方法，这种发展不需要大量、持续的政府资金的投入。

论银行监管

给金融机构足够的灵活性，这可能导致失败，也可能使它们获得成功。所有的投资都是有风险的，这是由投资的本质决定的，银行提供风险融资意味着银行自己也要承担风险，事实上，这是市场经济中银行的经济职责。风险管理的目的不是要消除风险，而是把它控制在一个谨慎的范围内。

在最近的30年间，试图用法律和管制手段阻止市场原动力的发展是愚蠢的，这一行为是银行监管者们得到的最主要的教训之一。

管理完善的小银行无须担心技术改进、管制放松以及银行合并。它们将在美国金融体系中继续扮演重要角色。许多学者认为那些力量将毁灭小银行，使它们成为历史。这些预言完全错了，满足消费者需求使小银行生存下来。消费者继续和位置便利的金融机构交易，以满足他们的消费意愿。

虽然新技术在提高金融合约签定的效率方面很有潜力，但它们同时也带来了风险，对这些风险我们要有清醒的认识。例如，理解任何一个单一表外合同的信用风险和市场风险是非常简单的，但是要理解一整套广泛的、非标准化合约的全部风险集合是一项非常复杂的任务。而且，依赖先进技术制定、监督金融合约并不能完全替代见多识广的分析判断。

论金融衍生工具

衍生交易活动本身也许不是系统风险的来源，但它们可能会加快从其发源地到其他市场和机构的震荡传递速度。国内和国际各金融市场之间的联系，在近些年来变得更加紧密，虽然其他力量——如机构投资者日益重要、信息和电信技术提高，以及许多国家取消了资本管制——也起到了很明显的作用，但是在加强金融市场之间的联系方面，衍生品的贡献很大。

证券监管者在查办不法行为时遇到了困难：即使交易所交易也不会消除所有的操控行为，就像1979—1980年亨特兄弟公司在白银交易中的惨败所表明的那样。监管效率最主要的来源是：个人交易者对其交易方是了解的。政府监管仅仅扮演后援的角色，应该小心不要给市场创造净收益。

论股市

当事件变得非常复杂、变化非常迅速时，人类的应对能力就会下降——这是很明显的事实。如果人们无法理解外部事件，无论他们是害怕进入一间黑屋子，还是担心市场价格的易变性，其结果总是避免进行这种活动，避免进入一个纯粹多头市场。在最一般的情况下，这意味着出价很容易被接受，市场价格因此下降。

显然，持久的低通货膨胀率意味着未来不确定性的减少，低风险贴水意味着股票价格以及其他资产价格的提高。由过去的价格收益比和通货膨胀率，我们可以看到它们之间存在反比关系，但是我们怎么才能知道：当非理性繁荣不恰当地抬高资产价格时，它会导致无法预料到的、长期的紧缩，就像10多年前日本发生的那样？我们应该如何在货币政策中评估这些因素的影响？金融资产泡沫的破灭会不会削弱真实经济，影响产品生产、就业和物价稳定性？事实上，1987年的股市大崩溃对我们的经济几乎没有什么负面的影响。但是，我们不应该低估资产市场与整个经济之间的复杂关系，我们也不应该对此感到放心。因此，评估资产负债表数据的变化，尤其是资产价格的变化，是制定货币政策的一部分。

论经济预测

主要的经济变量在测量方面的不准确性使政策的制定变得很复杂。当经济数据包含许多测量误差时，对未来作出推论就会变得更加困难，但是由于我们可以参考不同的信息来源，这种测量误差的影响会降低到最低程度。因此，我不觉得预测当前的美国经济比几十年前更困难，或者比几十年前更简单。

作为一种预测工具，经济计量模型的力量显然是有限的。尽管我们在提供更加复杂、更加符合实际、更加正式的模型方面取得了显著的进步，但是公平地讲，从整体上来看，我们的经济计量模型最多只是对真实经济的粗糙反映。我们试图去模拟的经济极度复杂，新的机构和经济关系持续加入。在大多数的基于模型的预测中，为了描绘复杂的现实，我们必须使用大量的附加因素，这是我们的大规模模型的困难所在。如果想使得它们对决策者们有用的话，还需要大量的判断。

论新经济

近年来，我们的经济繁荣令人吃惊。资本支出、生产力、工资以及资产价格的增长极为迅速，这些方面联合起来推进了经济的增长，它的速度之快、持续时间之长，远远超出了我们的预期。这种"良性的周期"是可以持续下去的，因为通货膨胀率仍然令人满意。在当前的劳动力利用水平下，通货膨胀率可以忍受，如果在过去，这种劳动力利用水平可能会导致物价加速上升，目前没有出现这种情况的原因是：许多特别的因素联合起来抵制了物价增长，更为持久的变革决定了通货膨胀的降低。

就像我曾经指出的那样，今日的环境与过去不同，这会让我们认为我们进入了经济扩张期，我们有可能"超越了历史"。我们也必须警惕另一种可能性：不那么有利的历史关系最终会重复自身。这就是我们要时刻注意通货膨胀非均衡的征兆的原因，即使经济比过去任何时候都运行得好。

论全球化

虽然全球金融体系的迅速扩张引发了许多政策方面的考虑，但是最重要的是：保持商品和服务价格的稳定和对国内金融市场的信心——这两点是必须的。如果不能做到这两点，就会很容易产生资本转移到国外的情况，它导致的结果甚至会比上代人还要糟。

在提供国际金融援助方面，我们要注意弱化这种印象——国际组织随时准备为那些失败的国内商业的负债做担保——这将会扭曲投资，最终导致世界金融体系的不平衡。

近年来，那些积极经济事件的传播速度对世界经济而言是非常有利的，但宏观经济的重大错误更会在世界范围内引起巨大反响。无论如何，技术的进步是不可逆的，我们必须学会忍耐这一点。

在这个迅速扩张的国际金融体系中，面对不利的金融混乱，我们最主要的保护措施是有效的交易方监督。政府管制和监管应该试图营造一种环境，在这一环境下，交易方能够最有效地监视潜在交易的信用风险。

论通货膨胀

低通货膨胀率和减少的预算赤字不能解决所有经济问题，但物价稳定和联邦预算平衡或者预算盈余能够给我们提供最优的宏观经济环境，使得这个国家可以腾出手解决其他经济问题。

低通货膨胀并不只与较高的生产率水平相联系，它还常伴随着生产率的快速提高。为什么实践中通货膨胀和生产率之间有这种关系？答案还不清楚。在某种程度上，较高的生产率增长有助于抑制通货膨胀，因为它可以降低单位劳动力成本，但是这种因果关系也有可能向其他方向发展。

物价稳定降低了不幸事件发生的可能性。如果公司确信总体物价水平将保持稳定，他们就不会把提高公司商品和服务的售价作为最后的手段，因为他们担心提高物价会减少市场份额；同样的，如果家庭确信物价是稳定的，他们就不会因为相对物价的变化而改变他们的长期通货膨胀预期。达到这一目标将减少未来的经济震荡，而且在面对经济震荡时，我们国家的经济也不会那么脆弱了。

论自由经济制度

如果我们成功地将机会提供给每一个人,我们国家的繁荣将毫无疑问扩展开去。更重要的一点是,它令所有的美国人都相信,自己是他们所看到的那个公正的而且值得支持的体系中的一部分。

"创造性破坏"推动市场经济的发展,这是约瑟夫·熊彼特教授在几十年前提出的,他的意思是:新方法、新产品和新奇的设计将导致工厂和设备的不断过时和废弃不用,导致工人向新的不同的岗位转移,市场经济不断地进行自我更新。改革、承担风险以及竞争,都是提高生活水平的推动力。

在自由市场体系中,许多我们认为理所当然的东西,以及我们认为属于人类本性的东西,实际上并不是天生的,而是一种文化现象。一个经济控制权高度集中的计划体制的终止,并不像有人想的那样,会自动建立一个自由市场企业体系。需要经过几代人的努力,才能使大量的制度文化和市场经济的基本框架植入一个经济体中,如法律、习俗、行为以及各种经营职业和行为,这些在一个集中的计划经济中并不重要。

论竞争

如果一个公司在满足消费者需求方面有卓越的能力,从而使得竞争者被挤出,那么法律是否应该限制这种行为?如果对主动经营设限,就会打击到这种给市场带来效率和革新的竞争性扩张。

无论是好是坏,无情的资本主义推动了财富的创造,政策制定者们希望能够通过他们所说的那种"人道"的资本主义来实现经济的全部潜力,但这种情况已经变得越来越困难。他们阻止自己以及他人竞争，使其远离他们所认为的残酷的竞争压力，但是人们必须接受一个更低的人均生活水平。因此，无论竞争多么残酷，似乎越来越多的国家选择了竞争，它们成为了能够在世界市场上竞争的制造者。电信业的大发展给政客和政策制定者们带来了麻烦：全世界的电视观众都看到了市场经济在物质上取得的巨大成就，因此如果政客和政策制定者们试图取代市场力量的话，将会困难重重。

论技术发展

在20世纪，经过价格调整的美国国内生产总值年平均增长率大概是3%。这其中只有一小部分是物质增长，例如石油、煤、矿石、木材以及原料，其余部分的增长是由新的观点产生的，即如何重新安排这些物质，使它们更好地满足人类需要。这一过程使得那些物质产品能够更容易地运输，能够用更少的工人生产更多的物质产品，它通过劳动力更有效率的分工，促进了产量以及人们生活水平的提高。

我们未来的企业必须作好在这样一个环境中竞争的准备——在这个环境中，产出的大部分增长是新思想带来的。技术的突破持续地增加到经济产出的智力因素列表中，这一列表也在不断地变长。未来企业领导者的成功在很大程度上依赖于他们开发和应用新技术的能力，以及他们重新安排物质实体的能力，消费者会对他们的产品和服务给出更高的价格。要做到这一点，不光需要有更多的专业知识，也需要有处理风险和不确定性的能力。

论自由贸易

如果贸易双方都削减贸易壁垒，很明显双方都会获利；如果一方削减壁垒，另一方不这么做，削减壁垒的那一方仍然会从中得到好处。提高壁垒的贸易保护主义做法，既不会给我们也不会给对方带来好处。实现竞争性世界的最好做法是双方都降低贸易屏障，最坏的做法是双方都提高贸易壁垒。

反倾销诉讼和补偿关税等形式的行政保护……虽然这些保护通常都贴着促进"公平贸易"的标签，但是它们经常只是抑制竞争的伪装。

论负债和赤字

任何认为赤字有益的假设都是明显错误的。在如此低的私人存款率下，情况更是如此。依照当前的法律，到这个10年结束，赤字将开始爬升，而且人口的增长预示着下个世纪开始时政府开支无疑将会上扬。允许这种情况的发生将会导致我国经济活力遭到明显削弱。

不良贷款应该快速偿还，这是越来越显而易见的事实。这些负债带来的可估计损失当然是资本的减少，但是因为这些估计是不确定的，它们包含一种附加的风险贴水，即使在资本充足的情况下，这种风险贴水也降低了市场对有效权益资本规模的最优估计。因此，最好的做法是从银行的资产负债表中减去这些不确定的资产和它们带来的风险贴水，最好能迅速地单独处理它们。

论风险

没有可以完全避免风险的方法,因为对所有企业和家庭的决策结果而言,其不确定性是内生的。但是,许多不确定性和风险不能促进经济进步,我们应该抑制它们。通货膨胀带来的风险就是这类风险的重要组成部分。为了能够让市场经济发挥它的潜力,必须制止通货膨胀造成的不必要的不稳定性。

如果当前风险与跨市场或跨国界的证券活动有关,那么监管那些具有较大内部风险的大投资公司并控制其流程就非常重要,而且雄厚的资本是损失的缓冲器,在这点上没有什么东西可以替代它。

即使有更新的金融技术产生,政策制定者也无法预测或评估某些复杂的风险,应对这类风险的方法是减少举债经营,例如更少的负债、更多的资产净值。这样,在灾难和灾难蔓延前才能产生更大的缓冲作用。

论就业

为了适应劳动力需求的变化,劳动力供给方的能力会因为技术和管理的变革而提高,但是这种提高的效果是有限的。通过大量使用外部资源和临时工人,个体企业得到了额外的灵活性。而且,小的工作团队可能更适应状态的改变。

我们的移民政策带来了许多严重的问题,例如我国的社会安全网的问题。这一问题是非常重要的,让那些不工作的移民进入美国是很不合适的。我看到的情况都表明,人们到美国去是为了寻找工作和机遇,因此我认为它仅仅是一个理论问题,所以为了能迎来10年后的经济发展,我想是到了评价我们的移民法的时候了。

论教育

公司和雇员需要认识到：要想在将来获得新技术的潜在好处，就必须建立一个有效的教育和培训机制，尤其是在职培训。如果我们想要阻止对生活和对这个国家的生产能力的破坏，那么建立这种机制是非常重要的。我们需要为劳动力市场作好准备，但是我们的学校，甚至比较好的学校都不能提供足以支持终身工作的技能。事实上，确保我们的劳动力具备在一个日益复杂的世界经济中竞争所必须的教育和培训是今后最重要的工作。

科学知识势不可挡的增长趋势使得我们的大学必须努力阻止文科课程被技术和科学所淹没。阻止这种情况的发生是非常重要的。

后 记

从单亲贫困家庭的孩子成长蜕变为"比总统更有权势的人"、主宰美国经济长达 18 年之久的"金融沙皇",格林斯潘的人生就像是一部精彩绝伦的大电影,看起来令人咋舌,实则每一个镜头都是精心策划和认真编排的成果。当然,这部电影的导演和演员都是主人公自己。

抛开在金融方面的是非功过不谈,格林斯潘的人生就是一部经典的励志剧:他没有显赫的家庭背景,也没有耀眼的学历,性格沉郁,年纪轻轻就像个小老头,说话永远模棱两可,看不出有丝毫成为明星或领袖的潜质,然而,他却登上了最辉煌的舞台,之后又带着全世界敬仰的目光盛大谢幕。回首他几十年的人生历程,我们发现,格林斯潘所取得的每一项成就,都是对自己精确定位和深谋远虑的结果:他几十年如一日近乎疯狂地研究数字,他用尽心思在经济界和新闻界扩大个人影响,他纵然在游走在政府边缘时也与白宫内阁保持着紧密而良好的关系……

有人说,格林斯潘终生都在为担任美联储主席这一职务做准备。确实,格林斯潘虽然可能从来没有明确地将自己的目标定为美联储主席,然而至少没人能够像他那样持之以恒地为获取担任这一职位所需的才干与人脉、资历而努力。

回顾格林斯潘走向人生辉煌顶点的漫长路程，我们不得不感慨，机会对于每个人来说都是均等的，但成功永远只属于那些不断做好准备、为自己创造并紧紧抓住机遇的人。尽管我们每个人成为大人物的机会微乎其微，但如能从格林斯潘的经历和经验中汲取营养，我们做起事情来便更容易接近成功。这就是我写作这本人物传记的价值所在。

在写作本书时，我翻阅了国内外许多相关传记文献和新闻评论资料，在此一并致以由衷的感谢。

参考书目

1. 《格林斯潘就这么牛》
   琴箫著，时事出版社，2005年
2. 《格林斯潘语录》
   【美】卡哈纳编，金马译，中国青年出版社，2005年
3. 《伯南克时代：格林斯潘之后的美联储货币政策展望》
   王宇著，东北财经大学出版社，2006年
4. 《白宫首席金融智囊：格林斯潘》
   古越著，团结出版社，2007年
5. 《格林斯潘的泡沫：美国经济灾难的真相》
   【美】威廉·弗莱肯施泰因著，单波译，中国人民大学出版社，2008年
6. 《泡沫先生：艾伦·格林斯潘与消失的七万亿美元》
   【美】哈契著，范立夫、孙冰洁、孙越译，东北财经大学出版社，2008年
7. 《艾伦·格林斯潘全传》
   阎蕾著，新世界出版社，2009年
8. 《都是格林斯潘的错吗？》
   林弋然著，重庆出版社，2009年
9. 《审判格林斯潘》
   高木著，武汉大学出版社，2009年
10. 《动荡的世界：风险，人性与未来的前景》
    【美】艾伦·格林斯潘著，余江译，中信出版社，2014年
11. 《权力掮客：玩转华盛顿和华尔街的格林斯潘》
    【美】弗雷德里克·希恩著，樊智强译，复旦大学出版社，2014年

"信念文库"名人传记系列
01 《伊丽莎白二世传：女王是怎样炼成的》

全面、准确、细致地告诉你真实的伊丽莎白二世。
经典之作，品质上乘，独家附赠精美书签！

优雅，美丽，自律；
渊博，机智，从容。
她用变革坚持传统，
用微笑缔造权威，
用奉献维系国家与未来。
本书揭开世界上最神秘的
女子的面纱，
告诉你真实的伊丽莎白二世。

  伊丽莎白二世女王可谓历史上的一个传奇。英国是当今世界上为数不多的仍然保留君主制的国家之一，伊丽莎白二世是现任英国女王，也是英联邦16个国家的共同元首，当之无愧是**当代世界最为尊贵的女人**。

  然而，其尊贵身份的代价是担负着比任何人都更多的责任；在君主立宪制的政体下，她虽贵为女王，却没有实权，女王的宝座可没有看上去那么好坐，伊丽莎白却**从26岁就登上宝座，一坐就是63年**。

  本书从介绍伊丽莎白所在的温莎家族的历史渊源开始，记叙了伊丽莎白的成长背景、政治生涯、婚姻子女及生活细节，**描绘出这位伟大女王的成长史**，向读者展现了她为自己的命运和责任所付出的努力，揭示了尊贵女王不为人知的不易与辛苦的那一面，让读者看到成为伟大女王不仅靠幸运的出身，更需要超越常人的智慧和努力。

这个时代不缺少传奇，不缺少榜样，缺少的是心中坚守的信念。
我们希望通过这一套书，勾勒名人走过的足迹，弘扬他们各自坚守的不同人生信念，使读者们的心灵得到滋养和成长。

"信念文库"名人传记系列
02 《格林斯潘传：被审判的上帝》

格林斯潘到底是上帝还是罪人？他的辉煌如何造就？
戏剧性的人生转折如何发生？
经典之作，品质上乘，独家附赠精美书签！

他是一个传奇——
他出身贫穷而且双亲离异。
音乐是他年轻时的梦想，
他曾加入乐队四处巡演；
日后他却成为华尔街的富翁，
更成了在世界经济界
呼风唤雨的金融"沙皇"！

　　艾伦·格林斯潘的一生可以说是**成功者的典范**，他的经历几乎是美国梦最完美的体现——**他从贫穷的单亲犹太移民家庭成长起来，从一位落魄的乐队成员奋斗成为华尔街"最精明的证券商"，再到能够左右世界经济风云的"金融皇帝"、"最伟大的中央银行家"，历经5任总统，执掌美联储18年。**

　　直到2006年，艾伦·格林斯潘的人生之路都堪称完美，然而，2007年美国突然爆发次贷危机并引发席卷全球的金融风暴，格林斯潘被拉下神坛。他由全世界的金融"上帝"，立刻变成公众审判的目标，被认为是引发次贷危机的罪魁祸首……

　　本书对格林斯潘大起大落的人生之路的精彩描写，读之犹如坐过山车一般惊险刺激。

这个时代不缺少传奇，不缺少榜样，缺少的是心中坚守的信念。
我们希望通过这一套书，勾勒名人走过的足迹，弘扬他们各自坚守的不同人生信念，使读者们的心灵得到滋养和成长。

"信念文库" 名人传记系列
03 《傅雷传：永不妥协的大师》

如何成长为在文艺的各个方面皆有深厚造诣的大师？流传数十年的经典译作如何造就？被无数人奉为"育子经典"的家书里写了些什么？他的生命又是如何戛然而止？经典之作，品质上乘，独家附赠精美书签！

封面暂定

因才华被铭记，因人格被怀念，
品读傅雷，品读人生。

傅雷的人生包含三种境界：
学问的境界，事业的境界，人格的境界。
他博观中西的眼界、炉火纯青的译笔、
宁折不弯的正直人格，
都达到了常人难以超越的境界。

　　傅雷，**学贯中西的翻译大师**、**文艺评论家**。经典译作数十部，评论文章字字珠玑，与儿子的通信被汇编为《傅雷家书》，畅销全国，至今热度不减。

　　傅雷一生成就颇丰，**他的翻译，他的文字，他的育子经验**，都堪为后世师法的楷模。与此相对的，是他一生跌跌撞撞，在社会上处处碰壁，只能躲在书斋中寻找自我价值。"文革"初期，他不堪忍辱，与夫人双双自尽，结束了坎坷的一生。**他的直、他的真、他在生活中提炼的智慧**，都值得反复品味。本书作者研读史料，力求还原傅雷的现实本真面目，以飨读者。

这个时代不缺少传奇，不缺少榜样，缺少的是心中坚守的信念。我们希望通过这一套书，勾勒名人走过的足迹，弘扬他们各自坚守的不同人生信念，使读者们的心灵得到滋养和成长。